古書店「白雲堂」

古家実三日記抄

兵庫県無産階級運動の歴史的解明

木津力松

文理閣

目次

序章　古家実三紹介

―「古家実三日記研究会」の活動を回顧して―

まず古家実三とはどういう人物であるのかを、簡単に紹介することから始めたいと思う。それには『近代日本社会運動史人物大事典』（日外アソシエーツ・一九九七年刊）に拠ることが適当と考えて、引用すると次のように記されている。

「古家実三　ふるや・じつぞう」

一八九〇・三・一八（生）～一九六六・一二・二六（没）　学歴・神戸一中（中退）、出生・兵庫県加西郡下里村（現加西市）、団体・兵庫県青年党、労働農民党神戸支部、神戸サラリーマン・ユニオン、新労農党神戸支部

一八九〇（明治二三）年、兵庫県下に生まれた。神戸一中に入学したが病気のため、一年余で退学し、郷里で農業と村役場の書記をつとめる。一一年郷里で古本屋を開業、以後死にいたるまでの五七年間、古本屋を営む。日本全国はもとより、朝鮮・台湾などへも仕入れ行商し、通信販売をおこなう。

二一年神戸に出て上筒井で白雲堂を開業。二三年普選運動団体の兵庫県青年党に入党、二五年六月神戸サラリーマン・ユニオンの結成に参加、のちに委員長になる。

二六年五月労働農民党神戸支部の結成に参加、幹事となり、のちに兵庫県連合会執行委員長に就任。但馬大震災罹災民の救援を叫ぶ市民運動を支持、七月結成の労働農民党但馬支部に結びつける。

二七年二月加西郡青年団革新連盟を結成、委員長（会員約一〇〇人）となり、九月普通選挙実施後初めての県会議員選挙に労働農民党から加西郡で

立候補したが惜敗。二八年三・一五事件による共産党員の検挙に続いて四月労働農民党・評議会など三団体解散命令を受け、四月新党準備会神戸支部を拠点に活動。二九年一一月新労農党神戸支部を結成、常任となる。

三〇年七月神戸地方左翼労働組合連盟を結成、委員長となり、神戸金属労働組合、神戸化学産業労働組合・神戸出版労働組合・神戸サラリーマン・ユニオンなど左翼労組を結集し「産業別全国組織による戦線統一」をめざした。三一年三月解体し、六月日本労働組合総評議会(総評)関西地方評議会を結成、副議長になる。同年九月兵庫県地方選挙闘争同盟(元労農党・総評系)の推薦で加西郡より立候補、軍備の徹底的縮小を主張、惜敗する。

三五年二月友愛倶楽部結成に参加、相談役となる。四四年疎開、帰郷し郷土研究を推進。下里村で日本最古の古法華石仏を発見した。

四六年日本共産党に入党。五八年より加西郷土研究会を主宰、『播磨郷土研究』を創刊。また『兵庫県労働運動史』の編さんに協力し、労働運動史料群は兵庫県労働経済研究所に収められている」

(高木伸夫・いいだもも)

[参考文献] 同編さん委員会『兵庫県労働運動史』一九六一年/「古家実三氏を追悼して」『兵庫史学』四七号 一九六七年」

となっている。この記載内容についてはとりあえず、姓名を「ふるや・じつぞう」とあるのを「ふるいえ・じつぞう」に訂正しておきたい。

さて、問題は「古家実三日記」原本であるが、これは古家が明治三九(一九〇六)年以来、六〇年間にわたって書き続けた三万枚近い膨大な歴史資料であり、彼の唯一著作でもある。回想すればこの日記は、古家没後に夫人(美雪氏)の保存に移り、その後に藤原昭三氏に譲渡されて藤原氏による整理と記録、さらに須崎慎一教授(神戸大、現在退官)の指導・協力による「古家実三日記研究会」の設立へと発展したのである。

関係者の証言によると、藤原昭三氏(元『福崎町史』編集室長)は、「わたしは一〇年余にわたり町史の編纂に没頭する間、おりおりにみゆき氏宅に遺されている日記のことが気になり、ぼつぼつでも解読できないものかと考えるようになった。そんなある日、思い切ってみゆき氏にそのことを話してみたら、年齢も九〇を過ぎていたこともあってか、熟考されたうえでわたしにすべて任せてもらうことになった。その時にはまさに天にも昇るような思いがしたことがいまに忘れられない。その間には須崎先生にもご相談申し上げ同道してみゆき氏宅にお伺いしたこともあった。このような経過をたどって『古家実三日記』六〇年間の全一六七冊がささやかなわたしの書庫に収まることになった」とされている（「古家実三日記研究」Vol. 11二頁　以下は略称「日記研究」）。ここで「全一六七冊」という冊数が挙げられているのは、藤原氏が「一九九六年三月一日・整理に着手」し、「全冊年代順に整理しラベル張り」した作業進捗を反映している（前掲同）。

須崎慎一著「二・二六事件」

　須崎氏の回想では、「昨年（二〇〇〇年）、藤原氏と私が協力して「古家実三日記」の研究を進め、同日記の刊行をたとえ私費であろうとも実現していこうという結論に達し」たとし、「同年九月一七日、細々ながら同日記研究会が、これらの有志の人たち（須崎ゼミ関係者）によって結成されることになった」「そして二〇〇一年三月二五日、第二回古家実三日記研究会を開き、研究雑誌『古家実三日記研究』の刊行を決定した」（編集代表は須崎慎一・藤原昭三）とされている。同誌創刊号は刊行目的として、次のように明記されている。すなわち、「『古家実三日記』の翻刻、古家実三史料の紹介ならびに古家実三に関する研究の掲載、同時に会員の研究や大学院生・学生の優れた修論・卒論の発表の場とする」と。

　こうして始まった「日記研究」誌の成果をふり

かえってみると、中心目標である「古家実三日記」の翻刻作業は明治三九年一月から大正六年八月分まで、一二年八カ月分が編集・翻刻された。それによって誤字、脱字は修正され、古典籍・標題の確認、それの著者名、刊行年月などが補充された。各号には凡例に該当する備考が添えられ、Vol.３号には「解題」（山本かえ子）がつけられた。

「日記研究」誌上における研究論文では、和崎光太郎「明治末期の青年の意識」上、下（創刊号、Vol.２）、須崎慎一「古家実三の歴史的位置を考える」上、下（Vol.３、４）、山本かえ子「古家実三にみる民衆への視線」上、下（Vol.５、６）、坪田正弘「戦後農村と在野知識人」上、下（Vol.７、８）以上四論文が掲載されている。これらの論究が今後の研究進化にも、良き拠りどころとなることを期待している。

しかし、「古家日記」翻刻は大正六（一九一七）年八月分をもって停止し、それ以後の翻刻作業は断念され、「古家実三日記研究」誌はVol.11号（二〇一九年三月）をもって終刊せざるをえなくなった。残念ながらこれをもって「古家日記」翻刻という初志は挫折したのである。この現実に直面して筆者木津は、残された課題の善後処置をどうすべきか、「古家日記」翻刻が困難であるとしても、それに代わるべき次善の策を講ずる案はないのか、という思いをめぐらさざるをえなかった。

なによりも重要な基礎的資料である「古家日記」保存という問題では、国立国会図書館・憲政資料室が将来にわたって保存責任を受諾されたことによって、「古家日記」の保存・利用の条件は保証されることをえた。胸をなで下ろす思いである。地元兵庫県地方では、加西市で藤原氏が「古家日記」全資料コピーを保持されており、今後の研究、翻刻を継続する可能性に応じられるにちがいないと考える。

では、このような現状――「古家日記研究会」の解消、日記翻刻事業の停止という状況の下で「古家日記」研究を継続しようとすれば、どのような可能性があるのか。誤りをおそれずに卑見を申し述べると、それには二、三の分岐した状況が想定される。第一に「古家日記」翻刻の挫折状況は今後も中長期的に続いて、近代史研究の狭間で風化していくおそれがある。なおかつ「古家日記」研究を継続するために「古家実三日記研究」誌、既刊分をテキストに利用しても、諸種の困難はさけがたい。かりに翻刻事業が進行したとしても原本資料の膨大さは、解説抜きには理解困難な部分を含むこと等があり、稀少な読者に出会うことさえ難しい。したがって現時点で重要な課題となるのは、(1)関心をもつ研究者が翻刻に先んじて、とにかく「古家日記」原本全体を通読することである。(「古家日記」の通読そのものが、容易ならぬ難課題であることを認識した上で、提起するのであるが)、(2)通読した上で、誰もが手に取って読める分量、ページ数に簡約化すること、(3)同「日記」の総括的評価を研究し、必要な解説をくわえることである。これには「日記」原本の翻刻と、それを解説・評論することとは質的に異なるという反対論がありうる。「日記研究」誌が翻刻を基本的に目的とされていたことにも、この趣旨があったと忖度する。

しかし「古家実三日記」を民衆の手に届くようにする、そして評価は多様な異見を通じて確定するという寛容な態度をとることは、古家氏も容認されるのではないかと私考する。筆者が『「古家実三日記」を読む』をタイトルとしてこの日記を通読し、いささかの解説、評論を試みようという志を発したのは、古家氏の生涯への敬意からであり、無産階級運動の歴史的解明に幾分かでも接近したいという念願に他ならない。しかし自らを省みれば無学歴、すでに九五歳を越えた老学徒であり、人生の終末に際して「散り残れる一輪の花」を捧げるに過ぎない。これをもって序説を閉じる。

凡例的追記

1．「古家実三日記」は全部で一四函一五七冊とされているが、その他に古家が戦後に簡約を意図したらしい「年譜」「白雲堂日録」があり、追加一六冊が発見されている。この中には「日記」を補充する重要な記述が含まれているので、「日記」に総合することにした。このことをあらかじめ理解してもらいたい。

2．「古家日記」は少なからず文語体で語られており、わかりやすくするために筆者が下手に口語体に改めると、著者の文体を損なうおそれがありできるだけ原型を保持することに努力した。これについて諒解をえておきたい。

3. 著者は明治時代からの著述において度量衡、暦日等を旧法にしたがって記述している。それをいちいち改めることはしなかったので、理解をむつかしくしている点は筆者の怠慢としてお詫びする。

『古家実三日記抄』に寄せて

古家実三氏の思い出

元『福崎町史』編集室長　藤原　昭三

長年、古家実三氏と懇意にされ古家氏の没後、みゆき夫人から日記全一六七冊を譲り受け、日記の研究及び翻刻に臨まれたがかなわず、国立国会図書館・憲政資料室に保存責任を委託。その全資料のコピーを保持され、木津氏に翻刻・研究への資料として提供されている。

今日から数えて七十数年の以前、いま、こんなことを言えば若い人たちからは時代遅れと思われるような気がしないでもないが、そんな古い話でも忘れられないこともある。

日本の殆どの都市を焼け野原にした太平洋戦争が終わって七九年、軍国主義一色だった当時の私たちは、予期もせぬ敗戦によって将来に不安を抱きつつ途方に暮れた月日が続いたのであった。

何しろ、男子は、成年になればすべて「天皇陛下の御為に」死を覚悟の「醜《しこ》の御楯《みたて》」となって戦場に赴くものと少年時代から教え込まれていたのであったから―。それが根本から瓦解したのが敗戦であった。

そして、唐突に表れたのが民主主義という言葉や制度であった。そうこうするうちにも、次第にそんな言葉・制度にも少しずつ馴れ、その良さがわかり始めた頃に行われたのが、男女同権という制度のもとによる各種の選挙であった。

その頃は、自分にはまだ政治や選挙には関心もなく、もちろん選挙権（当時有権者は満二〇歳）もない年齢ではあったが、戦後間もなくに行われた県会議員の選挙で、わが村の盛り場でたまたま居合わせ、聴くともなく耳にした街頭演説会を〝こういうのが選挙運動か？〟ぐらいに思っていたのだが、次々に訪れる演説者の中の一人の応援演説に注目、次第に熱が入りいたく心に響いたのであった。

その頃の選挙運動といえば、現在のような車社会でなく、白布に候補者名を書いた「のぼり」を翻しての自転車行脚であったと記憶する。年齢も若かったし、政治なんかにまったく馴染みのなかった私ではあったが、その人の血を吐くような、烈々の国家や郷土の将来を憂うる、この人が応援する候補者はきっと当選するだろうと信じて疑わなかった。ところが、しかし当選したのはまったく思いもせぬ人であった。政治というものの意外さや不思議を知り、関心や疑問を持つきっかけになったのがそんなところにあったのかなと今にして思う。

その演説者の熱弁が終わった直後その人に近づき、初対面だったのか、はにかみながら二言三言激励の言葉を交わし、ぎこちない握手をしていたのが一つ年上の私宅近くの友人であった。その頃の初対面の挨拶といえば軽くお辞儀で始まるのが普通だったので、握手をする姿に〝へーっ〟と驚き時代の変化を感じたことであった。幼稚な話だが当時の田舎ではそんな状態だった。こんなひょんなことから彼と懇意になり、以後親密なつきあいが始まったのであった。

いま、さだかに思い出せないが、これから述べようとする古家実三氏の存在を知り、以後、氏が逝去されるまで長いおつきあいが続いたのも、彼や彼の知人が氏の家へ連れて行ってくれ、紹介してくれたのが古家実三氏を知るきっかけだったように思う。

もともと私の家は菓子の製造販売を業としていたが、戦時中は原材料が欠乏して休業状態であった。戦後数年を経て食糧事情も改善してきたので、再び元の職業に専業することになった。そして営業も安定したころ、自宅から程よい距離の所に支店を出したのが、古家実三氏宅とほど遠からぬ同村内（旧下里村・加西市）の地であった。

藤原昭三氏(右)宅で氏と歓談する木津力松氏(左)

そして開店したのが一九五四年(昭和二九)年の一〇月一日であった。

営業はわりあい順調にすすみ、日々忙しく働き、時どきには古家さん(以下「さん」と呼ばしてもらう)宅にも立ち寄り、夫人ともども親しくしていただいた。氏が古本屋をされておられることは転居するまでに知ってはいたが、時折お宅に立ち寄って四方山話をするうちに、実際のお仕事ぶりを見たのはこの地に来てからであった。時には、「絵画」や「書」の掛け軸を床に架けて鑑賞しながら「この絵は有名な画家が描いた作品だ、佳い出来だろうー」と自慢げに話されることもあったが、その頃は門外漢の私には曖昧なあいづちしかできなかったように思う。

そんな和やかな往き来が続くうちにだんだんと気安さも増してゆき、時局や政治が話題になったことも再々あった。といっても、時の世界情勢や国内の政情を教えてもらうことの方が多かった。古美術のこともよく教えてもらった。

また時には、古家さんと二人で自転車で郡内あちこちの史跡や古社寺などを見て回り、途中で氏の懇意なお家があれば立ち寄って世間話や時局の話などをしたことを思い出す。いまおぼろげながら印象に残っているのは、加西に飯盛野教会というキリスト教の教会があり、立ち寄って平和運動などについて話し合われた際のことがなつかしい。私は側でただお話をお聞きするだけだったが—。

そのような日々が暫く続き、私も次第に美術や郷土史に関心を持つようになり、あるとき、初心者に適当な美術の参考書が欲しいと聞いたところ、「これがよいだろう」と勧めてくださったのが、平凡社発行の『世界美術全集』という三六巻の膨大な美術書であった。そして古家さんいわく「君ならこれくらいの本で勉強したらよい、この本をひと通り目を通せば大体の美術はわかるだろう」とのこと。私は予想もせぬ膨大な量の書冊にびっくりしたが、古家さんのおっしゃることだからと、当時としては大枚の三千円を奮発して、自転車の荷台に小山のようにくくりつけて帰ったことであった。それが古家さんの〝白雲堂〟書店で買った最初の本であった。おっしゃった通り、ぼつぼつながら編集・掲載された写真を鑑賞し、解説文を読んでゆくにしたがい、この全集によって得た古美術・遺跡・遺物や、それに対する歴史等を学んだ知識は、今日から考えて大きな肥やしになったことを知るのである。以来、種々の書冊を購入したことであった。その時の全集は現在も私の書棚に鎮座している。

そうこうするうちに、古家さんをはじめとする有志の方々が発起して、加西に郷土の歴史の研究を勉強する会を創ろうという機運が高まり、「加西郷土研究会」が結成されたのが一九五六（昭和三一）年八月であった。立派な会則も決定され、その翌年の七月には古家さんを編集人とする会誌『播磨郷土研究』創刊号も発行された。以来、当会は紆余曲折を経ながらではあるが、六十余年を経た現在も存続しており、会誌も編集者が代わりつつ三〇号を数えている。

同会発足の頃だったろうか、ある日、古家さんが「このごろ古文書を読めるものがだんだん少なくなってきたんだが、君やってみる気はないか」と示されたのが、伊豆国（静岡県）の半紙一枚の古文書であった。私は予想もしない突然のことだったので断ったのだが、「まあ持って帰って眺めてみては――」といったことで、言われたように持ち帰り眺めてはみたが、少しは読めても古文書の書体がすべて読める筈もなかった。だが、何かしら惹かれるものがあり魅力を感じて勉強を始めたのが病みつきとなり、以来約半世紀余り、九三歳の今日まで延々と続けることになった。その間には多い時には加西市内で二か所、神崎郡内で四か所の古文書講座が開催されて、頼りないながら講師を務めることになり、現在もなお二か所で続いている。また、このようなことが縁になり、折から神埼郡福崎町で計画されていた『福崎町史』の編集室に勤務することになったことなどを考えると、古家さんが歴史・郷土史や、古文書・古美術などの勉強を勧め、かつ援助してくださったことが大いなる動機であったことを偲び、その学恩をいまさらに思うのである。

以下のことは、後に氏の遺されている日記によって知ったことだが、戦前の古家さんは、ご自身の生業たる古書店経営のかたわら、市民運動、労農運動、そして戦後は郷里坂本村（現加西市）の、国宝・重要文化財等を多く保持する法華山一条寺の総代を永年勤めるなど、多くの仕事に尽力されていた。

そして、惜しまれながら一九六六（昭和四一）年一二月二六日に享年七六歳で永眠されたのであった。

私はここでは丹念に記された古家さんの日記について、私に託された経緯などを、氏を偲びながら「思い出」として述べることにしたい

古家さんが青年時代から日記を記載されていることはずっと以前に誰からともなく聴いており、氏が亡くなられて以後もみゆき夫人とは親密にご交際いただいていたので承りもしていた。古家さんご本人も生前心安い二～三の人には日記のことを話されていたらしく、当時、私が耳にしていたところでは、とにかくその日記というのが莫大な量で、氏一生の身辺のあらゆる事柄とともに、戦中・戦後の国内外の状況をも克明に記されており、歴史資料としても非常な価値あるもの、といった

ことであった。そんな噂から、氏亡き後、譲渡を希望する機関や識者もあったらしい。そのような噂から、私もできるなら親しくしていただいた古家さんの書かれた日記を見せてほしいという願望を抱いていたが、生前は有名な学者や知識人との交際が広かった古家さんだから、それは到底無理な話だと諦めていた。

ところが、たまたま、『福崎町史』編集者のお一人であった神戸大学の須崎愼一教授に「古家日記」のことをお話していたので心に留められていて、ある日、連れ立って古家さんのお家を訪ねて夫人に閲覧を懇願したのであった。夫人も何日間か熟慮された結果、「私、藤原さんに『古家日記』のすべてをお任せします」とのご返事をいただいたのであった。そして後日、同家の書庫に大事に保管されていた膨大な一六七冊の貴重な日記が私の茅屋（ぼうおく）に納まったのであった。

私はその時のことを、のちに須崎教室に設けられた「会」から発行された『古家實三日記研究』一〇号に「まさに天にも昇るような思いがした」と記し歓喜している。

いくばくかの日を経て、神戸大学須崎研修室に「古家実三日記研究会」が結成・発足し、須崎教授を中心に、教授の同輩・知人やゼミの学生諸君によって、同日記の翻刻と研究が開始され、その成果として研究誌『古家実三日記研究』の発行に進展したのであった。

ところで、迂闊にも私は、古家さんとは長いおつき合いの間にもかかわらず、生前にご本人からは労農運動で、文字通り身を危険にさらしてまでも闘われたような詳しいお話はついぞ聞いたことはなく、社会や政治の刷新運動をされていたことは、古家さんを知る人たちの話の中で時々に小耳に挟んだくらいで、本人もあまり話されなかったし、私もまた寡聞にして聞かなかったように思う。

だが、今回みゆき夫人から譲渡された日記を読みすすめてゆくにしたがい、氏が大正から昭和にかけて、軍部や官憲の横暴のさなかにもかかわらず、日本の初期労働運動に身を挺して勇敢に闘われ、その進展のために持てる力を発揮して力の限りに貢献されたことなど、初めて日記によって知り、いかに大きな働きをされたかが理解できたとともに、かつ緻密な遠望深慮の持ち主であったことを知らされたのであった。私自身そのことによっていかに感情をゆすぶられたことかそれはいま筆舌に尽くしがたい思いがする。そのことの具体的な記述については著者の木津氏が述べられている通りである。

ともあれ、「古家日記」は一九〇六（明治三九）年から一九六六（昭和四一）年までの六〇年間という膨大かつ長文の日記であり、須崎研究室での作業も長年月の間には、たゆまず協力を惜しまれなかった同好の士にも数々の事情があり、二〇〇〇年九月の発足以来約二〇年にして、業半ばで閉ずるの止む無きに至ったのであった。その間の須崎教授をはじめ、懸命に研究・執筆にご尽力を賜った山本かえ子氏等研究会同人の諸氏に深甚の感謝をささげたいと思う。それとともに、私も齢いを重ねるにしたがい、この価値ある貴重な「古家日記」の今後について考えざるを得なくなった。

時に、みゆき夫人もすでに見送り（一九九九〈平成一一〉年七月二五日。享年九八歳）、今は亡きご夫妻の御心に沿うよう慎重に種々思いを巡らすうち、須崎教授（退職され名誉教授）が奔走くだされ、最終的に国立国会図書館憲政資料室に納められることに関係者の協議が一致した。話が決まって後、私は思い立って全冊を複写で残すことにして作業をした。私自身、時に再読するためであり、また、もし将来、研究希望のある識者が出現した場合の要望に応ずる用意のためでもあった。

いよいよ国会図書館へ送り出す前夜「古家日記」全一六七刷を茅屋表の居室に並べて撮影し、翌日、我が娘を嫁がせる心境で送り出したのであった。

はたせるかな、数か月を経て、「古家日記」に関心を持たれていた大阪府の木津力松氏から、同日記の閲読の要望が寄せられた。

お話によると、木津氏は早くから兵庫県にご縁のある方で、古家さん同様古くから労農運動に尽力され、古家さんのお名前もすでによくお知りになっていて、二〇〇九年には『東播地方農民運動史』（注・東播＝播磨東部）・同一〇年『同名書・【別巻】』、二〇一八年には『兵庫県社会運動史研究・合本』等、その他にも有益な労作を多数出版されているお方であることを知った。

私は、ひそかに待ち望んだお方であることを確信し、早速ご要望に応えるべく便宜を惜しまないことを伝えた。氏はゆくゆくはそれを「古家實三日記抄」として公刊したい旨の相談を受けた。私に異存のある筈もなく、爾来、氏は、「保存会ニュース」という最寄りの小冊子に連載を続けられること幾年に及んだろうか、徐々にその数が増して遂にこのほど全編の完成に漕ぎつけられたのである。氏は本年九六歳と聴く。その労やいかばかりであったろうかと、「ただただ頭の下がる思いのみ」の言葉しかない。

振りかえりみれば、「古家日記」をお預かりしてから送り出すまで約三〇年、その日記に録された種々の事柄は同氏私事の記録とはいいながら、故郷児童たちの教養に尽くされたのをはじめ、氏の関わられた公の業務も多く、中でも初期の市民運動・労農運動などを記録した近・現代の甚だ貴重な日記であり、畢竟それは愛郷・憂国の資料ともいえるのではなかろうか。特に私の心に遺る、古家さんの心情が表された次の語句を掲げて、著者、木津力松氏の労に感謝したいと思う。

《労農運動の進展のためには白雲堂の命運などはものの数ではない》

《後世もしこの日記に目を通されるお方がおられたなら多少の感慨をもってもらえるだろうか》

故古家実三氏は、坂本町東方の小高い丘に設けられている同町の共同墓地で、夫人みゆき氏と共に、元生家を見下ろしながら坂本町集落の繁栄を見守るかのごとく、静かに眠られている。

「保存会ニュース」掲載
二〇二一年三月（No.４３６）
〃　四月（No.４３７）

第一章　青春の波乱を越えて

一　生い立ち

古家実三は明治二三（一八九〇）年三月一八日に、父安太郎、母すがの間に生まれ、長男であった。

本籍地は、兵庫県加西郡下里村坂本七〇八で、本家では祖父佐五郎が健在であったが、分家した父は実三が生まれて二歳時に夭折（明治二五年一月一七日）した。これによって後に九会小学校第二代校長であった岡田斎が入籍し、母と再婚した。実三が長じた頃には弟が二人、妹一人があり家族六人であった。しかし明治四〇年一〇月に次弟が病死し、家族は五人であった。

その一〇年後には、ふたたび母は岡田と離別する羽目になり、実三は義父にたいする深い恩愛の情を「日記」に点綴している。「三歳にして父に死に別れ、十二歳にして再び真の親よりも恩深き義父に別れ、自ら扶養するの身となりぬ」（「明治四四年四月『回顧録』」）としている。岡田は加西郡を離れて、有馬郡長尾村でも小学校長を勤めていたが、古家とは偶然に再会する機会もあり、最期には昭和六年に死没する直前、古家が元旦に病床を見舞っている。「父は僕の訪問を非常に喜んでくれた。若い時から書画の好きな父は、僕が趣味の上からも話し相手になり得るので、特にそれが何よりも満足であったらしい。……夕暮れに及ぶまで語り合った」としている（昭和六年一月一七日没）。

実三の幼少時にもどると、明治二九年四月下里尋常小学校入学（普通科四年、高等科三年）、三六年三月卒業。その後は農業に従事したという。米麦二毛作、耕作規模は四反歩と若干の畑作で自小作していた。零細な田は「西ノ田、裏ノ田、皿池ノ下、墓ノ下」等の呼称で六、七ヵ所に分散していた。古家は田の草取りは二年後からであったと言っているが、田の鋤き返し、その前には麦の収穫、施肥、共同苗代から田植へ、精米精麦作業など、小学校卒の実三が中心になっていた。副業として、燃料源である「薪採り」が毎日のように欠かせなかったし、冬季には「昼も夜も縄をなう」「一月廿五日／午前中に草履を七足半作った」という。日記には「縄を売らんため高砂に往かむとて午前三時より起き出でて、弟と倶に荷車挽きて立ち出ず。十時、三好商会にて売り払い、午后高砂を出て帰途に就く」としている。

これ以外には後にのべるように、播磨地方はもとより丹波、但馬地方への文具行商に行脚した。したがって社会的階層としては主として貧農・自小作農民であり行商を兼業していた。しかしどんなに働いても、借金がついてまわった。明治四一年一一月二九日には、「納税期日が明日限りとなれるに金なく、売る米なく、やむを得ず松田に借りに行きしになし、浅見に行きて妻君の臍繰り金を借り来る」という有様だった。明治四二年には一月二〇日に、「朝から債鬼先生（借金取りのこと）続々御来訪、金がないので母の顔色蒼然、超然的な面をしているものの自分の心の中はやっぱり騒いでいた」とあり、この数日前にも「貧乏神に縁の深い僕は目下、懐中真の無一文である」と記している。このような借金の後始末は、六月三日に「夜、浅見氏と小林家とに借用金の弁済に行く。西の沢の田八畝を売り払った金を以て」とあり、耕地売却に追い込まれた古家家が貧農層に属することと明瞭であった。多少の小作料を納入した記録もあった。

明治三九年一月一日から始まる「古家実三日記」は、何の前触れもなく文具行商の行脚ぶりを記録している。扱った商品は奈良、大阪で仕入れた筆墨であって、得意先、販売ルートは各地の小、中学校であった。各学校に、どのようにして文具販売のルートを得ていたのかはわからないが、あるいは下里村で校長を勤めていた義父岡田のなんらかの支援を受けていたのかもしれなかった。

ここで古家の行商ルートを理解するためには、

新井〜竹田〜和田山、この途中に天空の城・竹田城跡がそびえる

加西郡を中心とした当時の地理状況をみておく必要がある。旧播磨国を東、西播に分けているのは姫路市の西を流れる市川とされ、東播側でその市川と加古川に挟まる地域を南から北へたどると印南郡、加西郡、多可郡であり、そこから丹波、但馬地方に接続している地形にあった。

古家の行商経路は多可郡中町、あるいは加東郡西脇を経て丹波側・多紀郡に入り篠山、柏原等を行商し、もう一つは、西播・福崎町、神崎町を経て朝来郡に入り、養父郡、出石郡、美方郡から豊岡まで行商圏を広げていた。通過コースはすべて徒歩行であった。「日記」によると明治三九年一月に丹波へ、篠山、丹南、山南、柏原、石生、成松を一三日間、但馬には三月、七月に新井から神子畑、竹田、和田山、養父、八鹿、出石、江原、豊岡さらに関宮、村岡とめぐって二〇日間、もう一度は一九日間と巡業した。これらの各学校への行商は日々一二、三里を踏破して目的地に着いており、安宿に滞在した。出石では深夜に小火災に会い、二階から飛び降りて負傷し、五、六日滞在しなければならなかった。

明治三九年「古家日記」は、大半が行商記事で埋められているが、各地を奔走したにもかかわらず、古家は「商業を営みしも家計を扶くるに足らず、却て負債を重ぬるのみなりき」と記している。このことは、古家が意識するとしないにかかわらず、農民層の分解—半ばプロレタリア化への転化過程にまきこまれつつあったといえるかもしれなかった。

二　第一神戸中学への入学

明治四〇年一月二日、「予は志を決して神戸中学に入りて、苦学せむとてけふよりは高等小学の国語、算術などを復習す」とし、「年譜」（戦後の回想記）では「行商を廃し、第一神戸中学校に入学の決意を固め、受験の準備を家事従事の傍ら開始した。かくて二月、三月も継続した。但し準備学習の時間は僅少であったと記憶する」としている。事実、一月二二日、日記には、「縄をなう。夜も縄をなう。／縄をない又英語の独習をなす」として農耕の副業をやめることはできなかった。

四月一、二日が受験日で、入学式は八日であった。古家は七日午後に「（神戸）又新日報社に往きて、修学の余暇何か業務なきやと問いしに、当社には夜中業務なし。配達夫にても善しければ販売局に往きて問われよと答う。販売局に往きて問うと、今は欠員なければ、欠員の出るまで待たれよという。次に大阪毎日新聞支局に往きて問うと、当市の地理詳しからざれば採用し難しという。予は遂に車夫にならむと決心したり」としている。

五月一一日、学校から「帰宅後石井氏とともに、警察署に往きて人力車輓子鑑札の下付を乞う。年齢足らざれども署長の同情にて下付せらる」とあり、五月一三日に「今日より初めて稼業に出ず」、一四日には「放課後、撃剣をなす、夜稼業に出ず」とある。夜、時には深夜に及ぶ人力車夫の稼業は五月に一二日間、六月に一九日間、七月に五日間勤めたところで脳症に襲われた。

日記では「過日来過労し睡眠足らず遂に脳症に罹りぬ。今日より稼業を中止す」（七月七日）とし、「脳の悩み益々烈しく苦しさいはむ方なし」（七月九日）であった。八月、暑中休暇に入って「郷里に帰りてより病は殆ど全癒したりしに、この頃又もや痼疾再発して、その悩み堪え難く、煩悶に日を送るの悲境に陥りぬ」と記している。

「しかし僕はほんの一時の発症で深く憂えるに足らぬと思ったから医師の診察も受けず、苦痛を冒して一日の欠席もなく登校した。（中略）然るに第二学（期）となって秋天万里の好季節となりても病症は依然として回復せず、益々僕をして煩悶せしめた。…学校に出ること僅かに十日余りにして故郷に帰り、静かに健康回復の時をまったが少しも効なく、煩悶に煩悶を重ねたが、弟が黄泉の旅に出で立った頃は意気消沈して殆ど起つの勇気なく、いっそ自殺して相果てようかとも考えたが、こんな意志が薄弱なことでは到底大事は成せぬと悟って、又も十月の末つ方覚悟を定めて上神した」（明治四〇年末「回想録」）としている。

明治四一年一月一三日に古家は、「紅塵深き巷を避けて空気清き山地に転居せむとせしが、保養に適せる好場所なかりしが、再度山の寺院こそ最も適当ならむと考え、…山路を越え大龍寺に行きて懇願」した。同月二一日「朝、再度山より葉書あり、寓居の一件承諾する」との許諾を得て、葺合区琴緒町から転居した。

再度山・大龍寺山門（赤門）

古家本人の療養方針としては、「脳症を治せむには山川を跋渉して、精神を慰むるに如かず」として、大和、熊野地方の山岳を「無銭旅行」と自称するほどの軽費で遂行したし、それ以後は低山逍遥、冷水浴、器械体操に励んでいた。日記には、県立病院で診察を受けたという記事も見受けるが、有効な治療を施されるにいたらず、「病魔われを襲いしより巳に二年有余月、廃学効なく煙霞効なく山水効なく放心効なく、如何なる武器を用いるもこの敵を駆逐する能はず。何たる勁敵ぞや」（明治四二年九月「感想録」）と記し、一時は消極的、悲観的観念に襲われたが、一念発起して、「逆境は悲しむべきに非ずして、むしろ修養に一大動機を与ふるものなることを悟了するに至るべし。艱難汝を珠にすとは、空理的美辞にあらずして絶対の真理なり。病苦は天より我に与えられたる神秘的宝なり」（明治四三年一二月一八日「随想録」）と受け止める積極的な態度に転じていた。

では、ここでいう古家の「艱難」とは何であったのか。獲得しようとする「珠」は何であったのかを見定めなければならない。古家の苦境は、すでに明治四一年二月二九日に中途退学を決心したことが吐露されていた。「余は到底病気恢復の見込みなしと諦め、三月の末を期して退学せむと思いなりぬ。（中略）…如何にせむ去年の七月初めより余は本病に陥り、爾来あらむ限りの摂生養生を偈せしかど、時に稍軽快を覚えたるのみにて、更に回復すべきとも見えず、近頃に到りては益々重きに向かはむとする傾きあり、その間或いは懊悩煩悶し、一時自ら傷はむとまで思いし程なるが幸いにもその愚を悟りて、初一念を貫かんと務めしかど、かくなりてはすべきようもなし、今は断然思い切って退学せむと決しぬ。（中略）／余は不幸にして途中又々学を廃し故山に帰りて鋤鍬を執るの身とならむ」。そして思想を高潔にし、自然を楽しみ、好める書を繙いて理想の生涯を送ることを願っていた。

しかし、病魔は間断なく頻発して、古家を苦しめた。「頭の痛みは愈々烈しい。ちょうど頭の真ん中に五寸釘打ちつけられているかのような感じがして堪えられない」（明治四一年七月）。「頭の痛むこと万斤の鉛のよう」「頭痛烈しく、読書力も労働力も全くなくなった」（同四二年六月）と記していた。

このような状態の中で、同情と救援の手がさしのべられなかったわけでなかった。明治四〇年七月四日に、古家は「教員室に招かれて主任の先生臨席の下に予の苦学の事につきて質問を受く。而して予に学資を給せむという人あり。「苦学は到底永続せざるべければその人の厄介になるべし云々」との事なりき。予の心中多少動かざるを得ず、熟考の後御返事に及ぶとて帰りぬ（原註　学資を出してやろうと言ったのは、学友武岡の父豊太氏であった）」。二日後に、古家は「御厚意は誠に忝けなけれどこればかりは御断り申す」とて体よく断りぬと言っている。

もう一度は明治四一年三月三一日、「余が退学帰郷の当時、神戸又新日報の余の苦学に関してすこぶる過賞的の記事を載せたりしかば、之を信じて余に種々の申込みをなすものありき。中にも兵庫の豪商、高井某の如きは再三、書状を以て招き、余を寄食せしめて学費を給し、通学の傍ら子弟の勉強相手をなさしめむとし、且つ医療の便を与へむと申し越せしも、余は他人の助力によりて成功を期せんとする考えのなかりしを以て、唯その好意を謝するのみにて応ぜざりき」としている。その他に代用教員や郡図書館司書などを斡旋する申出にも接していた。

なによりも神戸一中、学友の心温まる激励が古家を力づけ、前途をきりひらく助けとなった事例は忘れることができなかった。親友奥田喜久司は、五月六日親書で「嗚呼親愛なる古家君よ、君は今、学を休むと雖も立志即ち志だに撓まずば、如何なることも成らざることなきを忘るること勿れ、然らば失敬」と記していた。これにたいして古家は「僕は心の底から君の心情がうれしくなった。嗚呼持つべきものは良友である。僕は一読再読深く感慨に打たれた」とし、同年八月に再会した際は、「僕が生涯、真友の一人は唯奥田あるのみだ」と記した。

戦後、往時を回想した古家は次のようにのべている。「奥田は後に海軍大学を出て、軍艦赤城の艦長、海軍大学教官、軍縮会議顧問、軍艦神威艦長（航空母艦）、海軍軍令部第一課長等に歴任し、張鼓峯事件の際には陸軍参謀本部と対立して、ソ連に対して非戦論を唱えて激論を闘わしたが、これは僕と会見するたびに（昭和四年以後のことだが）ソ連との不可侵条約必要論も幾分影響していたかと思う。昭和十三年海軍第十三航空隊長として派遣され、成都爆撃撃墜されて四川省の土となった」と悼んでいた。

三　下里村役場書記、青年団の改革

繰り返すことになるが古家は、明治四一年三月に神戸一中を退学して帰郷すると、周囲の生活環境に気を配りつつ、脳症の治療と五反歩の田畑経営に励んだ。その心境を漢詩で友人への葉書に託しているのを見ると、次の通りである。

「学不成業亦不成　失敗失敗又失敗　（学は成らず業また成らず　失敗、失敗また失敗）　貧迫身病魔害吾　遮莫光風霽月心　（貧は身に迫り病魔は吾を害す　さもあらばあれ　風輝きて月晴れ渡るの心境なり）」引用者訳

「日記」中には、「……此頃は好きな読書も全廃して只管（ひたすら）健康の回復を図っているにも拘らず病魔は益々頑強に抵抗して、今宵の如きは安眠が出来ない」と訴える状況が続いていた。それにくわえて明治四二年新年に、姫路の友人から招待されても、「翼あらば飛んで行きたい思ひがするが、銭がないのに困ってしまふ。…要するところは僅かに一円なにがしであるが、貧乏神に縁の深い僕は目下懐中真の無一物である」（明治四二年一月一四日）とのべていた。

すでに二年に及ぶ脳症の療養に古家は山野跋渉を方針としており、故郷でもそれを踏襲するとすれば加西郡西南の播磨中部丘陵地帯、法華山（法花山）、善防山（善坊山）、尚徳山が対象となり、低山逍遥を常とすることになった。北部には播磨富士といわれる笠形山が九百メートルでそびえていたので、古家は何回となくこの山頂を踏んだ。

古家はこの年の日記標題に「明治四十二年日誌（自然美憧憬時代）」と書いたが、それは彼の希望であって、現実にはかなえられる状況ではなかった。一月には自宅二階を開放して、少年たち約二〇名の談話会が三回開かれ、古家指導の下で初歩的な論題で討論会が始まった。地域では、法華山の山林伐採問題が話題となり、古家は地蔵院・橋本実超僧都と論議を交わし、二月には立木調査にも参加した。立春を過ぎると母姉会、教育会があり、古家宅二階を会場にした夜学会が常設された。

下里村坂本に青年会を創立する動きが出て、少年組織「尚徳会」の結成には古家も関わりをもつことになる。

こういう雰囲気のなかで、三月七日「…小林の伯父が見えた。『突然な話だが、役場の書記に出てくれまいか。実は村会議員も大さうお前を見込ん

播磨富士と呼ばれる笠形山

で希望しているから』というような相談であった。酒肴を供して飲みつついろいろ語り合ふ。何れ思案の上で、今明日中に御返事を致しますと云っておいた。伯父が帰られた後、いろいろ思案の上、是は永い間書記の経験ある岩崎氏に相談をして見たらよからうと考へて昼食後家を出た。

僕はいろいろ思案に胸を悩ませた。考へて見ると、燃ゆるが如き希望を捨てて故郷に帰り、俄かに隠逸生活を理想とするやうになってしまう僅か一年前の事である。今又この理想を擲って村役場の書記なんぞに世間くさい、而も窮屈な生活をたえしのぶようなことはくだらないとも思った。而し又考え直した。知恵は小出しにすべしとは福沢（諭吉）さんも教えている。忠実に事務を執って一村の為めにつくし、傍ら青年会のために尽くして、進んでは社会教育者を以て自ら任ずるようになりたい。だが何だか心が進まぬ、どうすればいいだろうかなどと頻りに頭を悩ませた。

岩崎さんの宅は何だか取込中のようすだったから引き返そうかとも思ったが、ふと思いついて図書館に行くべく足を北条に向けた。途中で岩本三郎君に逢った。僕が挨拶をすると『君、古家君でしたかいなぁ』といふ。『エイそうです』と答えた。『小林君からなにぞお聞きになりました（か）』と三郎君は重ねて尋ねる、『今日一寸承りましたが』と答えた。『どうか出てくださいネ　大に希望しとるんですから―折角立派な役場を立てたが人物がないので困っとるんです、どうか是非やってくれ給へ』『どうか又宜しう』と云って別れた。（中略）夜小林に行って承諾の旨を答えてしまった」としている。

二、三日後に、親しくしている「（岩崎）種市君に書記拝命の件を話して相談すると『役場の書記なんぞは人間のくずだ』といふ」意見にあった。事実、役場書記といっても「年齢が満二十一歳に満たないから書記の肩書はまだ当たらない」「当分は付属員」という名義だと村長から説明され、年俸は八〇円であった。

初出勤は三月二三日であって、「去る廿日の又新日報には『加西郡の篤学者』と題して、二号活字を以て僕の事を散々褒め立てて針小棒大に書き立てている。（中略）事実以上の噂を立てられることは有難迷惑であるから又新日報へ取消文を請求してをいた」としている。

勤務状況をみてみると、「昨今、村税徴収の準備で目が廻るほど忙しい」（四月一六日）。「無味乾燥平凡なる八時間の勤務を終って学校にいって子供とテニスをやる」（四月二一日）という風であったが、主要には「昼食後、三口村の前半期村税滞納者に督促に廻った。十一戸の内応じたものは僅かに二名、其の日暮らしの貧者が納税に苦しんでいる情は充分察することができる」（五月一日）とし、また「四時から野田村へ村税滞納処分といふ厳しい笠をかむって財産差押えに行ったが、貧民窟の生活を一見して鬼（古家自身）の角は立ち所に折れてしまった」（五月一四日）という。五月末には「地租、県税、営業税等の納期末で目が廻るほど忙しい」とし、八月一七日（野田村）、一八日（坂本村）、一九日（三口村）へ村税滞納督促に廻っている。

各村の実情を知るにつれて古家は、「大和村は大早魃にて農夫の困窮実に見る目も気の毒なりき」と同情したが、自分自身も昨年に続いて字西之沢の水田二枚を売却して、借金返済に充てなければならない窮状にあった（同年六月三日「年譜」二〇頁）。当時坂本村は戸数六四戸、人口三一〇人であり、この村で「唯一身の独立を全うし高尚なる快楽を求め、せまき郷里をも楽しき天地として一郷の子弟を感化し此に天下無比の美村を作り生涯を安静に送らんのみ、わが理想誠に是に過ぎず」（明治四二年八月三一日「感想録」）と古家は感懐を寄せていた。しかし、このような願望は、現実に進行する資本主義の農村への浸蝕、半ば封建的な搾取が加重する二重の苦しみによって窮乏を極めつあった。換言すれば古家が理想としたような農村の建設は、独立自尊主義、自然美を保持して社会正義を保ち、教養主義を向上するだけで達成されるわけにいかなかった。

このことは当地における青年団改革の運動にも関連していた。青年運動には古家が帰郷当時から関心を持ち、近所にいた山下君に村内事情、旧友の消息、教育関係の動向を尋ねていた。ちょうど夏祭りが近づいていて、官製青年団は盆踊り、村芝居の興業に駐在所への届書を必要として古家に

北条・酒見寺多宝塔

書類作成をたのんだりしていた。九月に入ると北条・酒見寺の行事があって、そこで古家は小出雅郎郡長に逢い、青年団体の組織化、指導強化を要望する機会を得た。小出も率直に次のような自説をのべた。

「私もその事に就いてはさまざまに苦心して居るのです。去年の調査によると本郡内に表面上の青年団が七十幾つあります。その中で稍（やや）頭角を顕して居るのが鴨谷村の青年団で、これに次ぐのが繁昌村の青年会です。その他に至っては殆ど有名無実といってよい位です。全体に青年を改発するには単に知識を普及するのみではいけない。何か事業として産業を起させねばなりません」とし、自分は多紀郡、また群馬での行政経験からして、「本郡の青年は惰弱ですネ」との感想を語り、「君もどうか骨を折って貴村の青年が他に率先して大に啓発せらるるよう御尽力を願いたい」「時々遊びに来てください」と言い交して別れた。

一〇月七日夜には下里村小林の小学校父兄会があり、山野校長が児童の郵便貯金、義務教育期間延長、校内に博物室設置などの件を報告し、その後に古家にたいしては小出郡長の伝言として、次のことをつたえたという。「近きうちに下里村青年団を組織し尚加西郡青年団を結会する旨」であると（「古家日記」）。

一〇月一〇日には、古家は「ひる迄に米一斗を搗き正午少し過ぐる頃より北条町に行きぬ。小出郡長を訪ひ種々有益なる談話を承りぬ。氏は県下出石の出身にして、幼より東都に上がり有名なる中村敬宇先生（文学博士名は正直、西国立志篇著者）の門に入り克苦勉励遂に今日あるを得られたるなりといふ」「山野校長は氏に余輩の苦学模様を語られし由にて、余は偶然にも氏の知遇を得るに至りぬ」「前日の真面目なりしに引きかえ今日は大にうちとけて語り、特に青年会の事につきて大に督励せられたり」としている。

これをうけて古家は基礎的な青年会結成への取り組み―会則の採択などを努力していたが、翌明治四二年二月に「郡長小出氏から来る十四日教育会を兼ねて午後、田中本県事務官の青年に関する講話があるから来会するように」との連絡に接した。会場である北条、加西郡教育会で午前に講話、午後に青年三団体の表彰があり、下里での青年会結成が急がれている雰囲気が感じられた。その直後に古家は役場書記を拝命する事になるのは、前述の通りであった。

古家はその後に、本郡内で模範とされる鴨谷青年会の夜学視察や下里村での処女会創設を協議する準備を経て、八月三日に下里青年会の総会招集に応じ、「会長堀尾君に代わりて会則及記録を読み、戊申証書を奉読す。／終りに役員の投票をなし、左の如く当選（改選）す」として、副会長　山本重吉君、理事　浅見常雄君、小林留太郎君、梅野石松君、古家実三と記録している。これにもとづいて九月一七日に会場・小学校で下里青年会発会式が開催され、「出席者四百名、小出郡長、高島視学、橋本郡書記、永井秀夫和尚、山野校長等参列、それぞれ講話が行はれ」（「年譜」二三頁）、古家もそこで処女演説の弁をふるった。

このような一年来の思想的実践的な変化は、日記上に「明治四十二年回想録」として残している。自分は「境遇に一つの変化を生じた。独立の小農夫を買われて八十円の年俸に自由を売り束縛に苦しむ役場の付属員となったのである」。この変化によって青春の「立志の礎は砕け空想の殿堂は仆れて人生の無常を怨み、暗恨悲愁の涙にむせぶ弱虫と化し」「而も農事に努力せんには余の身体はあまりに虚弱である。遊び半分療養がてらに農を営むには予が家はあまりに無資産である。（中略）…貧との悪闘も敢えて辞せずと決意はして戻ったものの、折角の伯父の心尽くしもむげに拒絶し難い事情もあったのだ。拒絶し難い原因も全く吾輩の罪である」と、自らを難じていた。

「次に余が郷里の事変としては、法花山の山林一乗寺の有に帰したのはよいが、大に伐採せられてわが郷の風致を害ふこと少なからず（中略）。青年会は本年に於いて長足の進歩をなし、十月には下里青年会の発会式あり、続いて加西郡青年会の発会式あり、漸く各地青年団体の活動を見るようになったのはひそかに満足に思う所である」としている。下里青年会は明治四三年二月二日夜に臨時役員会を開いて青年文庫設置の件及び談話会拡張の件を決め、同月一二日には「青年会臨時総集会を開いて竹林造成等に関し協議し結局堀尾、藤井の両君を委員に選任して計画することに決定した」などの着実な進歩を示していた。

奥祖谷の二重かずら橋

一身上の変化では四月二三日、古家は徴兵検査の通知をうけて出頭した。身長・五尺四寸八分、体重・一五貫、視力、四肢の体格、内部機関、肛門陰部の検査を通過して甲種歩兵合格であった。しかし二日後に合格者の抽選があり、古家は外れて不合格となり、俗にいう「籤のがれ」によって兵役には服さずに過ぎた。

その後に古家は、「毎日頭の痛さに堪えかねるような情けない有様！　薄給に繋がるる身の悲しさは、堪えがたき脳の激痛を冒して毎日出勤していたが遂に堪えかねて、突然煙霞療養に出発した。時は実に明治四十三年十一月十一日。いざさらば暫く、俗務を抛って山水の富を恣にするであろう」と日記した。「煙霞」とは自然を愛する習性であり、古家には読書だけではえられない脳症の治療、自然美体験であった。この時に小豆島、四国・剣山、祖谷をめぐるには二週間を要して帰宅、出勤したのは一一月二七日であり、「いろいろ思案をめぐらしたが茲に始めて確乎として書籍行商の事を決心した」。そして「この旅行に於て山水美の極致を悟了し無名の絶勝多きことを知りぬ。高岳深谿の予の思想を感化し、勇気を与えたること実に偉大なり。余は極めて強き自信を有す」（明治四四年「回想録」）と回想していた。

四　転換期

このようにして古家実三は明治四四年春、二一歳にして従来の生活を大きく転換する時期を迎えた。転換とは、下里村役場書記を退職して独立の書籍行商を行うこと。新しい職業として各地を旅行して古書籍を売買し、その機会に当地の山岳渓谷を探勝し、それによって脳症を療養することを方針にした。帰村すれば青年会の指導を継続することにしていた。

古家にとって従来通りに役場勤めの片手間に「五反百姓」を続けることは、家業をジリ貧に追い込むばかりであり、決然として役場書記を辞任し、「新事業に要する資金三百円加西銀行にて借入の契約を結び置きしが、抵当の登記手続きの都合により昨日金子を受け取り来り、内七十円を負債整理に充て五円を家計繰入金とし、残額は全て資本金に充つることとし」た（「日記」四月七日）としている。このことを戦後に振り返ってみても、古家は「生涯の生活設計は此の（四国）旅行後に基礎を据えたわけで、此年譜は言わば一生の決算報告書である」（「年譜」四六頁）と認めている。

しかし事ここにいたるまでに古家は、転換期を迎える思想形成の過程を踏んでおり、出版物に接する機会は窮屈な農村部にあっても緊密であり、討論の場も少なくなかった。それには神戸一中時代の友人や法華山地蔵院住職との交流、前出した「高岳深渓の余の思想を感化し、勇気を与えたること実に偉大なり」とする体験、雑誌『山岳』への寄稿と関係著名人との文通などをあわせて研鑽していた。これを前提として古家青春期の読書歴をふりかえると、初期には福沢諭吉「福翁百話」、勝海舟「海舟言行録」、大町桂月「社会訓」、松村介石「修養録」があり、空海「三教指帰」、忽滑谷快天「禅の妙味」があった。明治文学に没入しては樗牛、蘆花、紅葉から村上浪六に及んでいた。

歴史、哲学への関心が高く井上哲次郎「日本陽明学派の哲学」や竹越与三郎（三叉）「二千五百年史」、丘浅次郎「進化論講話」を読み進んでいる。

某研究者は、「古家は中江兆民『読一年有半』を読んでいるが、感想は一言も記されていない」としているが、そうではない。親友横田より贈られた同書をうけとると「…直に一年有半を繙く。巻の了するを知らず　夜の九時頃悉く読み了せり。本を読むに根気強きこと今宵の如きは近頃頗る稀なり。蓋しこの書たるや一種余をして措く能はざらしむる魔力あるなり」（日記、明治四二年一〇月二日）としていた。

明治四三年に入ると新聞を読む機会が増え、同四四年一月二三日に幸徳秋水以下二一名に「死刑の宣告を受けりとの新聞記事を見たり」と記し、「…衆議院議事速記録を取り出して読んだ。尾崎行雄氏、佐々友房氏等の演説中々に興味がある」（日記　明治四二年一一月一九日）としている。また「朝、開国五十年史中の社会主義小史（安部磯雄）を読む」（日記　明治四三年八月一三日）として、次第に社会運動への関心を強めていたことが理解できる。

大逆事件犠牲者の顕彰碑（新宮市）

古家は明治四二年以来、すなわち神戸一中を退学して帰郷して以後、「感想録」（明治四二年九月二日）、「懺悔録」（同年一〇月三一日）、「回想録」（同年一二月三一日）、「随想録」（明四三年一二月一八日）、「回顧録」（明治四四年四月以降）を記述して自らの思想と行動を何回となく検討、反省し理想を追求する羅針盤にしようとしていた。その集大成と考えられるのが「回顧録」であるので、全文をここに採録する。

回顧録

「明治四拾四年四月以降日誌帳」二十二歳

顧みれば過去二十年の歳月、唯徑々碌々として空しく経過し、祖先伝来の家産を傷つけ、残るものは半朽の病躯と痛悔の歴史のみ。余の境遇は悲惨なりといふべからずと雖も、亦幸福ならず。三歳にして父に死に別れ、十二歳にして再び眞の親より恩愛深き義父に別れ、自ら扶養するの身になりぬ。而も僅少の家産に依頼し、独立心強固ならざりき。是を以て小学校を出でて、直に商業を営みしも家計を扶くるに足らず、却て負債を重ねるのみなりき。

年歯漸く長じ中学に入りし旧友次第に進級し互に往復するに当りて、友は横文字を解し、幾何三角を談じ、美しき水彩画を描き、詩歌文芸を評す。羨望の意起らざらんや。而して余は依然として幼稚なる初等教育の智識を蓄ふるに過ぎず。虚栄心に富める青春の情は止めむとすれども止まり難かりき。蠢々として生涯筆墨の行商人に朽ち果つべきに非ず。今より志を立てて苦学力行彼岸に達し、以て光栄ある生涯を送らんものと決心し、遂に筆墨商を廃し、神戸中学校に入りしは過ぐる明治四十年四月なりき。時に年十八、小学校時代同窓の友は已に中学五年級に進み居たりき。

かくて通学の傍ら人力車夫となりて夜遅くまで働き、身心の疲労を忘れて奮闘努力せしが、生理の原則欺くべからず。過激の労働と睡眠不足とは次第に心身を衰弱せしめ、いつしか激烈なる脳神経衰弱に陥りぬ。思へば青春血気の勇にはやりて前後左右を省みず、妄心して毫も心身の摂養を顧みず、遂に生涯に一大障害を受けしこそ痛恨の極みなれ。是より先、神戸市の名氏（士）武岡某は余の決心に感じ、学資を給せむと深切に申し越されたれども、一片の頑骨は之を受くるを潔しとせざりき。
かくて病歴によりて学資を得るの途絶え郷里より支給を受くるの止むなきに至りぬ。夏季休暇中、煙霞水石によりて病魔を一掃せんと欲し、単身大和十津川を経て紀伊熊野地に無銭旅行をなしたりしが山紫水明の美も病を癒すの効なかりき。

現在の麻耶山から大阪湾、大阪平野を見渡す

帰神後漸く通学し居たれども、病に堪へずして九月末より故山に静養の止むなきに到りぬ。都市の囂塵を避けて、静かに空気清新なる郷里に病を養ふこと一ヶ月、されど健康は依然として回復に向かはず、加ふるに弟の病死は一方ならず余の意気を銷沈せしめ徒らに煩悶を重ねるのみなりしが親友の書信に促されて再び上神せしは同年十月末なりき。当時余の宿所は葺合琴緒町の貧民窟附近にして殊に鉄車は軒近く通ひて騒々轟々の響絶え間なく、毎夜安眠を妨害せられ甚だ健康に宜しからざるを以て翌年一月下旬より、市の北端なる再度山大龍寺に寓を移して通学せり。琴緒町に寓居中主人多田義郷氏夫婦及老婆に一方ならざる世話を受けしは感激に堪へざる所なり。再度山は神戸市の北方約一里にあり、近く東方の摩耶山と相並び、海抜一千五百尺の小峰に過ぎざれども、樹木鬱蒼として花崗岩の山骨を包み、禽鳥梢に囀り、渓水花崗岩を穿ちて流水頗る閑雅幽静の仙境なり。絶頂よりは波濤の如き丘壑を隔てて神戸市の全市街及港内の艦船を眼下に俯瞰し、東南に河内の金剛山、和泉の諸山相連り、西南には淡路の島山と相対して大阪湾を挟み、西南には友ヶ島盆石の如く横たはりて湾口を扼し、湾内恰も潮上の如く白帆、艨艟東西に来往して眼界実に宏壮なり。

然れども絶塵の仙境も、我が痼疾を癒すに由なく、遂に同年三月進級と同時に退学の止むなきに至りぬ。再度山在寓中院主并に藤田執事に懇篤なる世話を蒙りしは感謝に詞なき程なりき。今より考ふる時は当時余は立志の礎未だ確立せず、前途に一定の目的なく、自己の才能の如何なる方面に適するやも知らず、唯漠然「勉強して豪いものになりたい」位の考へに過ぎず、いはば青春の虚栄心に駆られたるなりき。由来苦学身を立てんには第一天稟の大才なかるべからず、余や此才なし。第二意思鉄石の如く強固ならざるべからず。余や意思の人に非ずして、寧ろ感情の人なり。故に熱情の激するに当ってや直往邁進、如何なる大困厄にもよくうち克つべしと思惟すと雖も、一たび暗雲前に横たはり、霹靂天に轟き、豪雨の忽然として襲ひ来るや意志砕け、精神衰へ失望落胆、亦起って奮闘健闘するの勇なきに到るを常とす。是余の大なる欠点なり。第三、身体特に強健ならざるべからず、余や苦学に堪ゆる体質なく、加ふるに摂養に短なりき、是れ余が苦学に失敗せし所以なり。

　余の如きは徒らに血気の熱情のみありて思慮足らず。日常の生活規律を欠き、加ふるに極端なる質素を守りて、極めて粗食に甘んじたりき。是一見甚だ関心なるが如くにして実は大に然らず。酒池肉林を楽しむは君子の事に非ずと雖も妄りに粗食を以て誇りとなすは智者の事に非ず。滋養は活動の源泉なり。勿論滋養を取るのみが衛生の手段にはあらざれども人は心身の労力に相応の滋養を取らざるべからず。余が退学帰郷の当時、神戸又新日報の余の苦学に関して頗る過賞的の記事を載せたりしかば之を信じて余に種々の申込みをなすものありき。中にも兵庫の豪商・高井某の如きは再三書状を以て招き、余を寄食せしめて学費を給し、通

西阿波から剣山へ

学の傍ら子弟の勉強相手をなさしめむとし、且つ医療の便を与えむと申し越せしも、余は他人の助力によりて成功を期せんとする考へもなかりしを以て唯その好意を謝するのみにて応ぜざりき。

かくて余は、田園生活を以て健康を回復し、天然の美を楽しみ、智徳の修養に力めて郷風改善に尽し隠君子然たる生涯を送らんと決心せり。かくの如く余は境遇によりて、多少厭世的思想に傾き、消極的人物となりぬ。

然るに翌年即ち明治四十二年三月末より伯父の勧めによりて村役場書記を奉職せり。役場の出勤の傍ら青年会の改革を図りしが、漸く発展の経路に向ふに至り、夜学会、談話会、撃剣、青年文庫、荒地開拓等形式ながらも実現せらるるに至れり。然れども村役場書記としての余の価値は甚だ乏しかりき。元来無味乾燥にして杓子定規的な事務は、奔放なる余の性格に適せざりしのみならず、脳を病める余にとりては根気と緻密を要する事務に頗る不適当なりき。徒らに理想のみを高くして実力乏しき余の失敗に了りしは、寧ろ当然の結果といふべきなり。小事を忽にするものは大事を成し得ずとは先哲の教ふる所にして動かすべからざる眞理なりと雖も、余の性行と不健康とは小事に忠なる能はざりき。

奉職中には深呼吸、散歩、登山、冷水浴等のあらゆる療養法を講ぜしもその効なく健康回復せざるのみならず、病症却って増進するの傾向を来すのみ。尤も夜学出勤と読書癖とは亦大に健康回復の妨害となりしなるべし。かくて昨年十一月遂に無断欠勤の大失態を演じぬ。十一月といへば年中の最好時季なるに余は脳痛の悩みに堪え難くして郡長の事務観察の眼前に迫れるを省みず、飄然家を出でて煙霞療養に赴き、豪渓、寒霞渓に遊び、阿波剣山に登臨を試み二週間の後に帰郷せり。旅行中にも屡々脳の大激痛に苦しめられ、煩悶の極、無謀にも阿蘇山に登りて死を決せむとまで覚悟せしこともありしが、その後、剣山に登臨し、祖谷の幽谷を跋渉して、自然の絶美、絶妙、絶偉、絶深なる現象を感悟し、幸にして自暴自棄の念はかき消されたりども、健康には依然として回復の兆だになし。何の罪あってか天公かくまで余を苦悶せしむるや。帰来再び通勤し居たりしも常に精神の動揺を免れざりき。

余はかく考へぬ。今にして健康の回復を図らざれば到底生涯治療の期あるべからず。されば健康に適さざる現今の職業を抛って適当の職業を求め病魔と奮闘して勝利を得、新生活の基礎を作らざるべからずと。想ふに処生の要決は自己の性格に最も適応せる職業を擇みて、之に努力するに在り。困難労苦の間にも常に希望と興味とを有するに非ずんば進歩発展するを得ざるべし。而して余の最も深き趣味を有するものは崇高偉大なる河岳の景勝に対して天然の妙趣を味はふことその一也。古今の書を繙きて博大高遠なる哲人の大思想を窺い、偉人高士の面影に接することその一也。将来の目的を決するに当っては須らくこの趣味より割り出して決定せざるべからずと考へ、沈思熟慮の結果、漸く解決を下しぬ。

余は之より社会教育家の精神を以て書籍の行商をなし、高尚なる趣味、健全なる知識、深遠なる思想を養成せしむべき善良の書籍を広く販売し大に精神界の勇士を造成し、傍ら山水の勝を探りて健康の回復を図り、広く天下を周遊して地理学の研究を試みんと欲す。頃日志賀重昂先生の日本風景論を読みて地理上の興味と知識とを得たること少なからず。従来は山水自然の景勝に対しては唯単に審美的詩興的興味を有するに過ぎざりしが、それより大に知的方面の観察に興味を加へ、研究的の眼を以て之に接するやうになれり。更に牧口常三郎氏の人生地理学によりて地理学研究の新方面を教えられぬ。かくて余は進むべき方向を教えられしなり。余は幼より、極めて旅行好きなりき。而して旅行に対する趣味は年齢と共に次第に深く、又漸次に変化せり。小学校時代は都会を遊覧し、有名なる社寺を詣ずるを好みたりき。是一は地理学の初歩を学びたると、一は母の感化によるなり(母の神仏信仰の感)。行商生活によりて自ら旅行の便を得、近畿の名勝は大半足跡を印したりき。此期に於ては専ら世の所謂名勝古跡を尋ぬるを以て楽となしたりき。明治三十九年四月残雪を踏んで山上嶽に登りしより以来、冒険的旅行に趣味を加へ、深山幽谷を跋渉して前人未知の奇山水を探り、高山に攀じて天地の大観を恣にし、一般地方と大に風習を殊にせる僻陬の地に遊びて珍奇の事実を発見するが如きに興味を有するやうになれり。かくて明治四十年九月の熊野旅行は幾分かその理想を発見せり。後、小島烏水氏の山水無尽蔵を読みて更に一層山水に対する趣味を増し、大に登山の気風を振起し、余の精神は常に信飛境上の大岳深谷の間に逍遥するに到り、昨秋の剣山登臨は余の心機を一転する原動力となりたりき。

余はこの旅行に於て山水美の極致を悟了し無名の絶勝多きことを知りぬ。高岳深谿の余の思想を感化し勇気を与へたること実に偉大なり。余は極めて強き自信を有す。天下、余の如く天然の現象に対して絶源の趣味を有するもの少なかるべし。若し余をして山陽の文筆あらしめば絶世の大詩を作さんものを。惜しむらくは文字なく筆拙きを如何せん。然れども余は詩人を以て自ら任ず。余の所謂文人詞客に非ずして無学無文の眞詩人なり。是余の自信也。此の詩心を啓発せしものは旅行と書籍の感化なり。書籍の行商を以て山水の間に逍遥せんとす。亦所以なきに非らざる也。職を更めて新生涯に移るに当り往時を追想して精神を奮起し、併せて将来身の方向を過つことなからんことを期す。

明治四十四年四月十六日

夕暮　記す。

［註］「回顧録」後、古家実三は、役場書記を退職して、加西銀行から三百円の融資を受けて古書店を開業した。

第二章　書籍行商から白雲堂書店開業へ

明治四四（一九一一）年四月六日、加西銀行から事業資金三〇〇円を借入れた古家は、「商品仕入れのため本日（四月七日）午前五時出発京都に向かふ」とし、「最初は京都にて古本の相場を聞き、都合によりては東京に到りて神田の古本屋を漁りて百円ばかり買入をなさむ考へなりしが、予定を一変して筆墨の買入を増加し、書籍の買入を減少し、且成るべく京都にて用を整へむと決して」、京都市内では寺院、博物館、古書店を参観した上で奈良に向かい、追加の文具仕入れをすまして帰途に着いた。この場合も徒歩で県境の暗峠（くらがりとうげ）を越えて大阪に入り、市内玉造から天神橋に出て一泊。「此日、雨を冒し、二貫余の荷を負ひ、下駄ばきのままにて半日に九里の道程を踏破せり。我輩の健脚かくの如し」と、自信の程を示して帰宅した。休む間もなく四月二〇日には加西郡各村へ「始めて行商に出た」という。

江戸時代の暗峠

これ以後、彼の行商は「明治四十四年　回顧録」で目標にした「高尚なる趣味、健全なる知識、深遠なる思想を養成せしむべき善良の書籍を広く販売し大に精神界の勇士を造成」するための広範囲な行商行脚に向けられた。大正期に入ると県内、国内はもとより台湾、朝鮮、中国東北部にも渡航し、職業としての古典籍渉猟と自身の自然観にもとづく山岳探勝の日程を開拓していった。この努力は明治四四年から大正一〇年まで、約一〇年に及ぶ営業実績を実らせて、大正一〇（一九二一）年五月一五日には神戸市上筒井七丁目で名の通った老舗（八百屋）を譲り受け、店舗を改造して「白雲堂」を号する書店を開業するにいたった。古家は妻帯し、三二歳に達していた。

ここにいたるまでの古家の行商、営業は前記「回顧録」にもとづく重要な意義を踏まえていたとはいえ、それ以外の内容をも含んでいた。詳細は後述するが郷里の青年団活動の改革、加西立憲青年会の結成、法華山の自然保護、そして五反歩ほどの農耕地、自小作農経営にも責任を負っていた。

こういう社会関係にあったことを前提として中心問題である書籍行商に、古家がどのように取り組んだかを見ることにしよう。

一　書籍行商への門出

古家が書籍行商を始めるにあたって、この地域で手本となる先行経験を習得するあてはなく、荒野に鍬を打ち下ろすに近い事業であった。何もかも一からの教えを営業先で乞い、業界を生き抜く知識、才覚を身に着けなければならなかった。前記の京都から帰って加西郡内の行商を始めた四月三〇日には、一夜の宿を小学校用務員宅に乞い、「…小使の宅にて朝食を馳走になり、筆墨を背負ひて大和村内を行商す。終日疲労して数十戸を廻りて売上高総計金弐拾六銭を得たり。この有様にては半月を待たずして餓死するの外なかりけむ」という窮状を記している。また同年五月には、「富合村別府、光福寺に一泊、四日橋本君から初めて『列仙伝』、『本朝神社考』、『源氏物語』等和本約弐百冊を譲り受けた。後日和本を主として取り扱うようになったのはこれが動機である」と、その幸運をのべている。

同年六月には丹波、但馬を行商し、とくに生野町で「…数戸の寺院悉く訪ねたれども（古本買入を）得ず。奥銀谷の東端曹洞の一寺あり、大破荒寥、軒傾き屋根破れて雨洩らざる所なく、壁落ち畳朽ちて足を入るるべからず。老僧あり、正に剃髪中なり。無住の寺院かと怪しまる。老僧あり、正に剃髪中なり。一婦人出で来るを見れば風姿温雅、容貌亦醜ならず、言語挙動亦自ら礼あり。古本の有無を問ふ。已に売り尽くしてなしと答ふ。婦人に教えられて後方の山寺に到る。亦あらず。傍近の八幡神社神官の宅を訪ひて雑談に時を移す。池田先生（池田草庵）の逸話を聴く。余池田先生の事を聴く是に（て）二回なり」としているが、その後にも豊岡でもう一度聴くことになる。（豊岡）市内「由利書店にて但馬聖人伝記及び玄武洞、草庵先生肖像の画はがきを買ふ。池田草庵先生を称して世に但馬聖人といふ。是も初めて仁木氏（蔵書家）に教えられし也。理なるかな、但馬到る所の小学校池田先生の肖像を掲げ、尊崇至らざるなきが如し」とし、七月帰宅後に古家は「池田先生詩集を写本」している。民衆の生活に浸透した古典の重要さ、それを行商して普及する使命感を再認識したかと思われる。

但馬聖人と呼ばれた池田草庵の肖像画

行商一カ月を通じても、姫路では神田書店と取引、信用関係を密にし、日記では「姫路の神田に赴く。過日来、若丹地方にて買集し来れる、書籍概ね売却す」とし、京都では「細川書店との取引及び店員との交際によりて商業上の智識を得たこと少なからず、正に余が営業上の経験中特筆するに足る」という習熟を形成しつつあった。

翌明治四五年一月には、「新春早々、九州四国及山陽道の旧藩地を巡回して古書籍を買集し、傍ら山川の奇を探らんと欲し、浅見の妻君を説きつけて資金壱百円を借り受け、前祝として前夜餅を搗き」、予定では福山、尾道、徳山、岩国、山口、小倉、久留米、佐賀、小城、熊本、人吉等に下車して古本を探り、桜島、霧島山等に登臨し、日向を経て大分に出で、伊予に渡り大洲、宇和島、吉田、松山等の旧藩地を巡り、高知、丸亀を経て高松に出で岡山に渡て帰国する心算で、この往復に約一ヶ月かかると計算し、これを姫路、神田書店に知らせていた。すると書店の「主人公曰く、そりゃ君、四国を先に廻らにゃ駄目だぜ、九州は誰も行かぬけれど四国はも少しすると京都や大阪から出かけるからなア、後まわりになっちゃつまらぬとの忠告があって、是に於て予定を一変し反対の順路をとることに決す」としている。

霧島登山コース、高千穂岳を望む

実際には一月一〇日に出発して四国、高松から丸亀、松山、大洲、そこから船で宇和島、大分に渡り、「年譜」には「宇和島にも大分にも古本屋は一軒もないといふ時代ではあるが、熊本には七、八戸があって、古本売買の盛なること当時は九州第一と称せられていたが、価廉ならず、石島・和知両書店で少々入手したに過ぎない」と言い、また「此行、日を費やすこと三十三日であったが、古書買入の目的としては得るところ少なく、霧島登山が最大の収穫であったといえよう」と記している。

次に古家が記録しているのは三月一五日発、四月九日帰宅した「朝鮮旅行記」である。「まだ朝鮮へは東京京都の古本屋も出かけない様子だから、うまくゆくと面白い掘り出し物があるかも知れないなどと紛々たる俗気に促されて愈々出かけることに決した」とし、この度も姫路、神田書店の意見を聞いている。「神田君は、朝鮮の田舎はまだ随分危険な事があるそうだから成る可く都会ばかりを廻るようにと注意を与へてくれた」。

出発して「木村書店を訪ねて見ようと思って福

山駅で下車した。町の中を歩いて居ると二人の巡査に出会った。行き遭って五六間ばかり過ぎてから一人の巡査が急に後ろを見返って、オイお前どこへ行く？ と訊問を始めた。吾輩の風体では巡査に怪しまれるのも当然かもしれない。どこへ行くと又問ふから、朝鮮へ行きますと答えた。愈々以て怪しいと思ったかして何しに行く？ と聴く。古本を買いに行くと答えた。それじゃあ古物商の鑑札を持って居るかと問ふから、ヘイといったもののその実は持ってござらぬのだ。こいつはしまったと思ったが、元来が青天白日の身なんだから別段も心配せぬ。荷物を見せてやれば疑ひは霽れるだろうと思いながら、大道では応答は見っともないからどこか家を借りまして御ゆっくりと御調べを願ひますと、巡査を促して近所の家を借りた。

それじゃ荷物を出して見いといふから早速御意の如く仕った。だいぶん面白くなって来たわいと思いながら荷物を解いて行李を開き、さァ御遠慮なく御覧下さい。是れは着替です。是れは古本の値段書です。これは旅行用の地図です。これは日記帳です。これは岡山県の地図、これは朝鮮地図、これは日韓会話即ち朝鮮語の研究に使ふのです。これは筆入、日記を書くのに使ふ筆、これはかき餅、これは写生帖です。これは景色のよい所があったら写します。これは笠岡で買ふた古本です。支那の詩文を集めたもの、これは俳家奇人談、それからこれはと…面白半分余計の文句を加えて香具師が田舎の市場で物を売るような口調を以て述べ立てたが、さて肝心の営業鑑札はないから、受けて居るのだが忘れて来たと答えた。お前はどこだといふから名刺をやった。するとこんな田舎で古本の商売ができるかなどと余計なことを心配するから余輩の営業法を大体説明してやった。

査公は尚疑ひが霽れぬらしく、ゆうべどこで泊った？ とか、何時の汽車で来た？ とか、いつ家を出たなどと五月蝿く聞くから日記を見せてやった。査公は手に取って暫く読んでいた。君は学校はどこまで行った？ などと聞く。巡査の役目もなかなか大儀至極だ。（中略）巡査が金はいくら持って居るかと聞くから残らず見せてやった。そんな商売をして引き合うかと、又余計な文句を云ふ。

こちらから巡査などしていて女房子が養えるかと云ふてやりたかった。新聞包を見てそれは何だといふから手造りのわらぢですと答へた。これで大体の問答がすんだ。

巡査も遂に嫌疑が晴れたらしい。元来心思高潔なる我輩に対して訊問をするなどは以ての外不埒な奴である。今日の社会は大盗賊的の人間は紳士然として大道を横行闊歩し、玄関を立派に構えて威張って居る奴が少なくないのだ。ピカピカ光る金縁眼鏡の中から人間の弱点を看破って智巧を弄し巧みに法網をくぐって白昼大仕掛の詐欺を働いて居る奴がいくらあるかわからない。我輩のような揚らぬ風采をして草鞋ばきでのそのそと歩いて居る時世後れの人間は可愛らしい程正直なものだ」と、後台詞を残している。

ところが同年八月五日にも加東郡社町を行商中、米穀取引所付近を通りかかった折に相場師群集す。路傍に腰かけ居たる男、オイオイ何売りじゃ、と問ふ。何も売るのぢゃない、と答ふ。背に負ふとるのは何ぢゃ、一寸来い！　と横柄な態度。何も持っちゃ居らぬと答えしに、お前はどこじゃと問ふ。君はいったい何ぢゃと問い返せしに、僕は刑事だ。彼は果して刑事なりき。その荷物をあけて見い、／こんな所ではいかぬから警察へ行きましようか、／いやここでいい／ぢゃどっかの家を借りましようか／いや　ここでいい、行李を一見し、それより氏名年齢を問ふ。／君は何をしとる？　／本屋です、古本を買いに廻っとります。（中略）／本屋ならなぜ、もっと本屋らしい風をせぬか……。

蓋し我輩の風采たる、洗い曝しの筒袖浴衣に白木綿の帯をまき、尻切れ草履を穿って風呂敷包を負ひ、要するに時勢後れの風采なり。人間の値打ちは風采に依ってきまるものぢゃない、心さへ潔白ぢゃったら風采なんか頓着するに及ばんといへば、それでも人がそうは認めてくれぬ。おれは古家実三だといったところでその風采ぢゃ人が疑ふ、鑑札は持って居るか、見せ、嫌疑ははれたり。あゝこれからちっと風采を改めるとしようかな、これで巡査や刑事に調べを受けること四度目だハヽヽ、と、太平楽を吹いて立ち去」ったという。

これでもまだ警察の不審訊問との縁が切れず、

翌日には姫路の旅館にて、翌々日には鉄道和気駅から津山への車中でも古家は、同様の取り調べに逢っている。しかし筆者がここで詳細にこの件について、古家日記を採録したのは行商の服装、履物、取引に必要な備品がどんなものであったかを実証したいためであった。なおかつ補足するものがあるとすれば、それは行商中に登山を決行する場合の必需品であった。

明治四四年九月四日、古家は那岐山を越えて鳥取に出る難路をあえてし、「山高しといふにはあらず、絶頂に達する易々たるのみと軽んじ居たりしも容易に登り尽くす能はず、未だ半途に達せざるに日全く暮れ果てて月光高く輝き、虫声地に満ちて余が微吟に和す」という風情を楽しんだが、「濃厚なる水蒸気中に臥するは衛生を重んずる所以にあらずと考へ、遂に山腹（凡そ七合目の高地）に露営の陣を張る。余は未だ露宿の経験多からず、高山に於て露宿するが如きは今回を以て始めとす。芝草の露うち払ひて油合羽を敷き、着のみ着の儘の上に荷風呂敷をまとひ、大合羽を覆ひて露を防ぎ、行李を枕して眠る」。暁をまちかねて山頂を望んでいると、「草刈に登り来れる老婦あり、（中略）因幡に下るの道を問ふ。左へ左へと行き給へと教へられて登り」、絶頂に達している。

同月一四日には島根県三瓶山に登って、スケッチに時間を過ごして日は暮れ果てて大雨にあった。「荷をまとめて背に纏ひ、一幹の枝に路を探りてぬば玉の闇の細道ふみわけて下り行けども堂らしきもの更に見当たらずして断崖の上に道は絶えたり」「雨は密林をもれて小さからぬ雫のほたりほたりと落ち来れども樹下に一夜をあかすの外に策なし。是に於て可成樹枝の密なる処を選んで、急に野営の陣を張りて静かに臥し、行李を枕し、油紙を敷き風呂

那岐山　1255メートル

敷をまとひ大合羽を全身に覆ひて如何なる豪雨の乱撃も何かあらん、雨ふらば降れ風吹かば吹け、唯十時間の辛抱のみ」と耐えていた。「夜半眼をさまし合羽の隙より天を仰げば雨は小やみとなり、月出でて空は一面の雲が稍明るみて道もおぼろに見わけ得たれば起き上がりて徐に谷を下る」。やっと薬師堂を見つけると、「堂は絶壁の中央なる一大洞窟の中に在り、二間四方の板屋造りなれど見る影もなく荒れ果てたり、時に雨やみ雲稍はれて巨岩と樹木の間より、金剛石よりも美しき星の光を見て心太だ愉快なり。堂に上りて又眠る」としている。これによってても行商と登山を併用する用具準備はきわめて難しいことであり、それを克服して自然美を眼にした古家の歓喜、感激の極大であったことは納得させられた。

前記の「朝鮮旅行記」で古典籍の渉猟成果を書き漏らしたが、古家は釜山に上陸してから徒歩で鉄道線路を行くなどして大邱を過ぎて京城に達し、相当量の古典を手に入れ、日記には「朝鮮学界の沿革、著名学者等について教えられるところがあり、今後漁書の方針も稍確立することができた」とし、四月五日には「昌慶宮内の李王家博物館、動物園、植物園を見物して感激する。高麗焼の美を知ったのも、石刻扉絵の四天王や金銅仏の優秀さに驚いたのもこの時であった」と感嘆した。

二　市場参入

前節では、古家が古典籍の渉猟、買入をした各地方行商の路程を探ってきたが、そこで仕入れた商品が正当な価格で取引され、回転資金を確保し得たかどうかについては触れなかった。それは本節の主題となる。前記福山駅付近（広島県）で不審尋問にあった際も刑事は、「（加西郡のような）田舎で古本の商売ができるのか」と質問したが、それは農村での販売市場の存立状況を問うものであった。実情としては、古家が行商初期に買入れた書籍は、そのたびに身近な法華山地蔵院・東谷実宝氏や当時大地主であった見土呂・大西甚一平宅（大西文庫）に持ち込んでいたし、青年団活動の一環として巡回文庫にも活用された。それ以外の一例では、明治四四年五月一二日社町で古家は小学校を訪問したが一冊も売れず「意気銷沈せしに偶々同校長より、本郡教育会に巡回文庫設置の計画ありて、年々書籍を購入しつつある由を聞き、郡役所に到り郡視学殿にあひて書籍を点検せられんことを乞ひしに十数冊を購はれたりき」という好機にあった。しかしふだんには販売市場の創出、安定した経営基盤を確立するのは、加西郡内だけでは困難であった。

そういう狭隘な市場域にあって、古家が最初に市場参入の機会を得たのはこの年六月一二日であった。「本日は京都平安古書会の競売入札なれば朝鮮本の始末をつけむと欲し出席せむとす。午前三時頃出発、六時三十二分の列車に投じて宝殿（駅）を発し、十一時京都に着す。電車にて三条寺町の細川書林に到り、一時頃より会場に至る。本日の出品は細川書店、金沢の池善、石久、余の朝鮮本等その主なるものなりき。二時頃より京阪、名古屋、神戸等の古本屋続々と来る。集まるもの約二十名。朝鮮本は予め憂ひ居たるよりは好結果にて殆ど大部分を売却せり。京都の山佐、名古屋の其中堂最も多く買ひ取りぬ。朝鮮第一の名著『退渓集』は十五円六十八銭にて山佐のものとなりぬ。

夕方閉会す。

細川君余を池善、石久の両君に紹介し、酒肴を供して待遇頗（すこぶ）る力む」とし、古家はこれらの有名書店業者との連係を深めた。

八月には「姫路の神田（書店）に赴く。過日来若丹地方にて買集し来れる書籍概ね売却す」。さらに九月には「津山（岡山）に着きて古道具屋店を一々訪れたれども古書を有せるものなし。或る屑物問屋にて尋ねしに天正版の医書、寛永版の本草八冊もの等ありき。本町二丁目の古本商横山に到り数十部買ひ入る。そのなかに『撃攘集』と称する詩文書ありき。帰国の後神田に売り、神田君

現在のＪＲ山陽本線・宝殿駅

之を京都に催されたる珍書展覧会に出品せり。稀有の珍書にして十余円の時価ありと」いわれ、古家の鑑識眼の確かさは大いに面目を施したようであった。

他面で失敗もあり、前年一二月一六日日記では、次のような反省をのべている。「七月…石生(丹波)にて買ひたる古銭はその後京都の専門古銭商に鑑定せしめしに価値なきものと判定し、又宮津の古物店三谷某方にて大枚弐拾五円にて買ひ取りたる、歌麿の絵は京都の専門家鑑定の結果、無価値のものなるを知りて慮外の損失に驚き、直に返送せしも受け取らずして送り返せしまま打ち捨て置きしも、あまり馬鹿々々しければ今一度行きて返付又は他品と交換の交渉をなさむと思い居たりしを以て今回の行を機とし、古市に荷を預け置き汽車にて丹後に赴く」としている。

これらの成功、失敗の経験を経て古家は、明治四五年九月に中間総括ともいえる営業成績を回顧している。それによると、「…商業の目的より言へば、今回の行は甚だ思慮を欠けるものと云うの外なし。此行の商業之失敗に了るべきは予め憂慮せざりしにあらざれども、富士、日光、松島、十和田湖、奥羽の諸名山等は常に胸中に往来して我が詩興を動かし、遂に遠征を決行するに到らしめしなり。再遊期し難ければついでに北海道に渡り、西南半島の旧火山、駒ケ嶽、恵山、ウス山、タルマイ岳、マクカリヌブリ等に登臨して寒風に嘯き洞爺湖、支笏湖畔の幽景に吟じ、内浦湾の壮観に快哉を叫ばんとは思へども気候已に遅きを憾とす。

快楽を追ふに急にして、家計を顧みざりし結果、少なからず負債を生じ前途憂うべき境遇に陥れる今日、如何に放逸無頓着なる我輩と雖(いえど)も、いかでか平然たるを得む。実は近来頻りに財政回復策をめぐらしつつある也。而も本年に入りてより殆ど失敗を重ね、一月の鹿児島行に於ては利益を以て辛(う)じて旅費を弁じ得たるのみに止まり、三月の朝鮮行に於ては利益旅費と相償はず、四月の土佐行に於ては僅かに利益を得たるも、七月の北越行に於ては亦失敗に終り、八月の山陰巡回、及赤穂津山行は何れも失敗に帰し、阿波行の如きに至りては旅費を失ひたるのみならず、品物に於ても損失を蒙り、即ち二重の損失を受けたる勘定なり」としている。

同年一二月一日には行商買入にも慎重となり、「来年より農業を拡張し書籍の商を以て副業とし、農閑の時期に於て近郡の小学校を歴訪して近代の古本を主として販売し、古書は毎年二回位づつ買入に出かくることとせむと決心す。本年の如く無鉄砲に遠征を続けては旅費のため常に欠損を見るのみなれば、従来の如き放縦無頓着にては到底一家の財政を保つこと能はず。今後は家計の整理に意を用ひ、傍ら研究を怠らざらむことを期せむとす。兎も角も近来の如く米価の騰貴する際に於ては、一家の経済の基礎を固むるものは農を捨つべきにあらざるを信ず」といくらかの後退的気分をあらわにし、農耕に徹する態度をとることを自戒している。

大正三年一二月末日の資産状況は、「商業資金は現品、売掛金を併せて約百円であった。蔵書部に編入したものは約七十円位の価格はある。来年度の予算は大凡左の通りである」と記していたが、その肝心の部分は空白で予算も計画も示されてなかった。

営業の趨勢は大正三年年賀状の交換にも現れ、朝鮮・翰南書林、松江・雅楽多堂、東京・文行堂、大阪・鹿田書店、京都・山本文華堂、細川書店、佐賀・西村光栄堂、宇和島・山脇重太郎、高知・岡本書店、青森・高松書店、鶴岡・阿部久書店、姫路・神田書店との往復が記され、業者との売買関係強化を証していた。三月の京都「古典会は…名古屋の梶山、三輪、其中堂などからも何れも主人自ら出馬して居た。京都の古本屋は山佐、彙文堂の両君病気の為め欠席、大阪は荒木の主人と鹿田の番頭とが来て居た。余の出品が大多数を占めて居った。思ったよりはよほど高く売れた。しかし『文献通考』の唐本で三円ばかり損失を蒙った」として、業況の一進一退をつたえている。

その後の日記は、古家が大正二（一九一三）年から社会運動への参加を積極化したこととともなって、商業上の記事の比重を減じていた。が、大正四年七月八日から八月四日「第二東北遊日記附白馬山遊記」では出色の行商成果を報じている。当該旅行の前半七月二五日までは東京から宇都宮、鶴岡、酒田、新潟などで古書買付に専心し、以後数日は白馬岳登山にあてている。内容を見ても当時の家庭内状況、古家自身の内面的苦渋が強く反映していた。

振り返ると、この旅行出発は七月八日午前三時であった。途中大阪で弟「真一の奉公口に就て大分交渉して見たがどうもうまく行かない。不景気のためにどこのうちも閑暇らしい。生活難就職難の千波万波は社会のあらゆる階級に打ち寄せて、今や就職難は学校卒業生や労働者ばかりではなく丁稚奉公に迄及んでいるかと思ふとぞっとする」とし、弟真一はここで帰国させている。旅費総額予定は四十七円であるので、それ以上の利益を計算した書籍買付に努力しなければならなかった。東海道線で岡崎、浜松、静岡そして東京で物色した後、宇都宮に入った。「夜汽車で北行する考へだからゆっくりと古本漁りをやらうとしたが少しも手に入らない。十万何千石の御城下であり乍ら実にひどい。一冊も買へなかった」と嘆いた。

そして鶴岡に着いて、阿部久書店に上がって「挨拶が了ると直ぐ奥の室に乱雑に積み上げてある本を調べてみた。極大々形の『諸将旌旗之図』と書いた珍書らしいものがある」ことを喜んだ。「付近の古道具屋小野田権四郎方でも少し買い入れた」。川船で最上川の一支流を下るのに、焼酎で心持よく酔い、六時間ほどで酒田に着いた（七月一六日）。

すぐに鳥海山に登ろうとする欲望は抑えて、古本屋を探した。北の方に砂丘を踏み、松林や墓地、裏町を通過して酒田市街に出ると、古道具屋に出会って「印度佛でなかったら西蔵佛であろうと思われる一寸あまりの座佛があった」。価を聞くと一円七十銭という。「ちと高過ぎると思ったからまけろの一点張りで交渉したがなかなかまけない」

飛騨山脈（北アルプス）の白馬岳

（七月一七日）。翌日もこの古道具屋に行くと、「どこで集めてきたものか古本を少し持ち出してきた。魚竹全集と河内名所図会と外雑書少し買った。どうも西蔵佛が欲しくてたまらないのでとうとう五割ばかり負けさせて買った」という。翌日、紙屑問屋へ行って、「天井に仕舞ひ込んで居るのを無理に頼んで見せて貰った。調べてみると珍書が可なりにある。『歴代名医伝略』、『本朝烈女伝』、『日本詩選・同続編』、『鶏林和歌集』なんど、なかなか侮り難いものがある。（中略）相手が屑屋だからと思って掛け目で買ほうとした。（中略）一貫目三円でなければ売らぬといふ。（中略）ずっと以前に東京の江戸絵買が来て七貫目あまり選り出して八円に付けたからお前には古本の相場はわかりゃしねえ、大方お前は渋紙屋の丁稚なんだろうと冷笑かして追っ払ってやったと屑屋の老爺は語って三円説を強硬に唱えて些かも譲歩することをしない。折衝多時の末四貫目を拾円として買った」とする。丁々発止であった。

　前夜に古家は、「新町遊郭に女学校を卒業せる薄倖なる娼妓安田次子なる女に会ふ。美人にして筆蹟が頗る巧みな女であった。帰るにのぞんで町の端まで見送ってくれた。此夜の情緒今に忘れ難し。是こそは妻に対する不満と失恋の悲しみとを具体的に表した一形式である」と嘆じた。

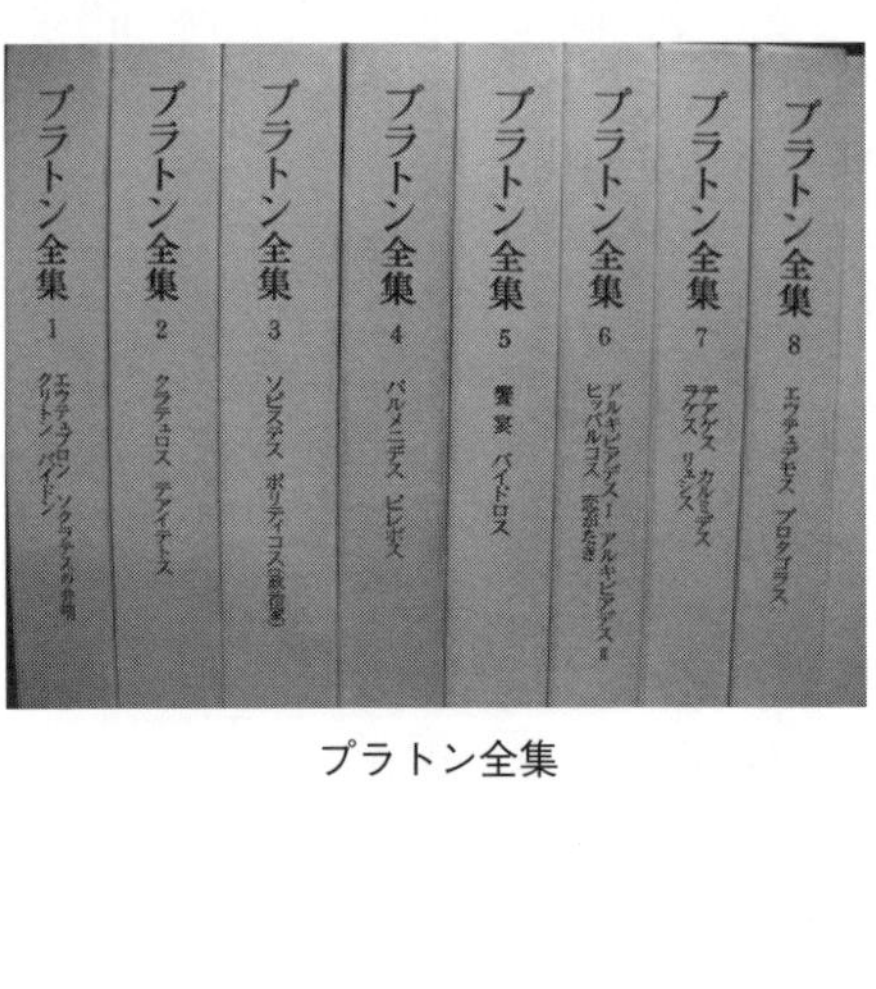

プラトン全集

酒田を去る日、古家は再び「安田次子を訪ひ、幸田露伴の小説及キイツの詩を贈」っている。

　次に新発田に向かう。ここで山岳会員の斎藤治吉氏と斎藤書店が同一人物であるという奇遇に会う。本人に面接したのは二日後であり、その間に京都・細川書店に送金依頼の電報を出しておいた返事が来た。それには「イチノケイキワルイ　クロトノツマラヌカイモノ　ミアワセ」「クロトクチナラ　カネアトカラオクル　トシテカヘレ」とされていた（七月二二日）。

新潟では、「兼ねてから小野中学の註文を受けていたプラトン全集二ノ巻がどこの古本屋を尋ね廻ってもどうしても手に入らなかったのが始めて見付かった。早速買ひ取」って帰った。これで思い残すことなく、単身白馬岳を登って山上の一夜を楽しみ、古家は葱平を下って、東北行商を終っている。

『大般若経』

帰宅して九月五日には、「朝から草履造りをした。午前中に十足、時々はかうした仕事もした。一々書くまでもなく行商せぬ日は夏でも早起きをして、芝を刈ったり、また青草を刈って堆肥を造ったり、最うこの上貧乏しないよう一生懸命である」と、農耕作業に精励する一面を強調している。

大正五年に入っては七月一九日に中国、四国の旅に出る前に、「…加西銀行下里支店に立ち寄り、百円を預金した。銀行に預金することは自分の誕生以来これが最初であった」として、営業改善に次第に自信を深めていた。また取引の規模も拡大して大正六年五月一六日には、「…北川知海氏（唐招提寺管長）所蔵の嘉禄版『大般若経』の件に就て相談をかけた。同氏は『大般若経』を二部も所蔵しているので中一部を売り払って図書館建設費に充てる計画なので鹿田、細川と聯合して買ひ受けやうとする考である」と記し、五月一八日には鹿田書店を訪問して、「唐招提寺管長北川智海氏所蔵鎌倉版『大般若経』六百巻売払の件に就ての相談」をしている。この商談の成否は日記に表れていないが、古家が京都、大阪の有力書店と共同して大冊六百巻に及ぶ売買を行うところまで実力をつけていたことが了解できる。

その後も古家は中国、四国（大正六年）、鎮西遊記（九州、大正七年）、四国（大正八年）、槍ヶ岳（大正九年）へと足を延ばしているが、当地の古道具屋を底浚えするような渉猟を続けた。山口県萩市熊谷町で大正七年四月二十日、骨董屋で古本もよく集めていると評判の池田熊吉方で「朝鮮の石刻鍍金佛が気に入ってしまったので談判した結果、とうとう是も買受けることになった。是は余程面白い作でもあったし、又胎内に朝鮮古版の経典が入って居ったのが欲しくて堪らなかったからである」と言っている。

孜々としてこのような営業経験を積んだ上で、大正七年末には、「従来の負債額を調べてみると元金四百八拾五円余、元利合計七百円余、多くは大正四年以前の借入に係る。是で見ても財政が稍順調になりかけたのは大正五年以後であることがわかる。（中略）此位な負債位は何でもない。少し奮発すればわけもなく返せるといふやうな考へにもなる」と自信たっぷりであった。また、大正八年四月には、「加西銀行支店へ金百円支払、是で一月以来五百円の負債全部償却できた」としている。

そのうえで大正八年元旦の決意としては、「もう空想の甘さ、楽しさを味わうことはできなくなった。夢心地の快感は消えた。そして乾ききった現実が――物質欲が之に取って代わったことを痛切に意識する」とのべて、「青春の幕をとぢよと今朝の鐘」と詠み、一月二日「今日から九州方面に向って初旅に出ることになった」「姫路発の下関行、夜行列車に乗って明朝、周防・山口に到着の予定である」としている。

三　白雲堂書店の開業

古家が正規の書店開設に乗り出すのは大正八年八月二八日、弟真一の書信を受けとったのに始まっている。それによれば、「此日　真一から来信、将来の方針に就いての考えやとりとめのない空想も書いてあった。目下、東京神保町通に古本の店が一軒あいている。価は書物を有の儘で四千円だと言っているが、少し高いとの評判だといふことを言ってよこした。それでは此際思ひきって買ひとり、東上してはどうかといふやうな考えになってくる。而し容易には決心がつかない」としていた。

この年古家は九州を行商して九月三日に、「山口へは二時頃についた。開店候補地の一つだけに汽車の窓からも熱心に山川のたたずまひをながめ入った。（中略）かしや札などにも目をとめて注意した。或る店で、山口の事情なんかいろいろ訊ねてみた。家賃などは比較的安く、まあ暮らしよい方らしかった」とのべている。九月一〇日には、「真一からの便りに、神保町の古本屋は最早、売約済との事」を知らしてきた。

しかし古家の方は書店開業が熟しつつあり、一〇月一〇日には京都にあって、大塚書店主に、「九州に支店開設の企画を告げて相談して見た。大塚君は門司がいいだらうといふ。いいだらうといふ理由は種々あるが、門司ほどの大都会に殆ど古本屋らしい古本屋が一軒もないといふことも主なる理由の一つである。由来古本屋は港のある大都会がいいというのは船員などが低級な読書趣味からではあるが、航海にでも出る場合には多数に買って行く、そして帰ればすぐ二束三文で売り飛ばしてしまう。それから将来は労働者に読書熱が盛んになるに違いない。すると大工場を沢山控えている門司は大に有望に違いない。今、門司に一軒きりある、あのちっぽけな、そしてがらくた本ばかり並べて居るあの本屋すら、尚且つ一ヶ月の収益百五十円に及ぶといふ位だから、少しく活動すれば大に儲かること疑いなしといふのだ」と、店舗開設への意欲を高めつつあった。

そして書店開設計画が現実に進行したのは、大正一〇年に入ってであった。四月五日古家は、「大阪からは初めて阪神急行電車に乗った。（神戸市）上筒井の終点で下りて関西学院表門の方に行くうち、ふと家屋周旋業の看板が見付かったので、這入って尋ねて見たいやうな衝動が起こった。硝子障子を排して入って行くと、貧しい口髭を生やした洋服の男がいた。

来意を告げると、此の先の停留所の脇に八百屋が一軒あきかけていることを話した。下が三畳に土間、二間間口である。二階は三畳に六畳、それでいて老舗代が金壱千円也、そして家賃は月三拾五円といふ。僕の交渉中に奇麗な若い奥さんや奥さんを伴れた洋服男などが、やはり熱心な態度で家を求めていた。住宅難の激しさは窺はれる。

八百屋は行って見たが、下の三畳は裏に崖を負うて険気千万である。二階は住心地が悪くないらしい。而し老舗代一千円也は恐れ入る。もう何もかも売り尽くして終って、缶詰や酒の瓶詰が少し棚にごろごろしている許り、百円以上の品もむつかしい。

尤も八百屋のお主婦さんにきくと老舗代は千円とは言っているが、八百位なら喜んで妥協しそうな口振りであった。

此通りに古本屋が五軒ほど出来ている。後藤書店は其最大なるものである。橋本書店といふのも前から知っている。此の通りの本屋を一巡してから、電車で平野の終点まですぐに行った。平野の米口書店に少し和本の出ものがあった。『古事類苑』はその主なるものだったが法律、神祇部、文学部、帝王部などよく有るもの許《ばか》りで、値が合はなかったのでよした。何もかも眼くら蛇におじない高価を主張しているので、僅かに『唐土名山図会』、『虞初新誌』、『渕鑑類函纂要』等少々を買ったばかりだった。而し他にあまり良書はなかった。珍書はないこと勿論だ。

久元曙堂、米田書店、松浦書店、土井書店、神港堂、大正堂、吉岡宝文館、日東館、高梨東神堂など歴訪している中に日は全く暮れ、雨も時々打たれて、心細かった」という。

五月七日には「上筒井七丁目の八百屋の老舗を三善商会の周旋で四百五拾円で譲り受けることになり、愈々来る十五日受け渡しの手続きを了することに話を纏めて帰った。…余一人奈良に帰る」とし、五月一二日には奈良で女中を一人雇い入れ、翌日に開店「広告文、開店披露の葉書などを起草した」という。その宣伝広告文をあげると、

宣伝文

一、社会の先覚者は大抵読書家である。

一、読書しない人は頭がない。時代に後れる、言ふ迄もない事だ。

一、精神生活、文化的生活を欲する人々は大いに良書を読まなくちゃならない。

一、青年学生諸君は今の中に世界中の名著を片っ端からよみ給へ。

一、紳士諸君は和漢洋の良書珍籍を集めて、理想的

な書斎を作り給へ。邸宅や別荘が立派でも書斎が貧弱ではつまらない。

かく申す白雲堂も今の所、店はまだ甚だ貧弱だが是から大いに努力して絶版ものでも、大部のものでもどしどし御注文に応じるつもりです。

一、労働者諸君も大いに本を読み給へ。そして大いに頭を作り給へ。労働運動ももっと文化的にならなくっちゃ本物でない。

一、御婦人方も女学生諸君ももっと程度の高い、内容の充実したものをどしどしと読み給へ。今の日本の女みたいにむやみに贅沢なりをしていて頭の空虚な人種は、どこの文明国にもありゃしない。而しあなたや、あなたの奥様は別です。どうか怒らないでください。

一、本を経済的に読もうとする方は不用の古本を白雲堂に高く売り払って、新しいものをお買いになれば好都合でしょう。

一、社会が進歩すれば白雲堂も栄える。若し白雲堂を夜逃げでもさせようものなら罪は全く社会にある。

一、白雲堂はなる丈け諸君の御便利を図ります。

一、諸君もどうか白雲堂を愛してください」とした。

白雲堂書店の前で、右が古家実三

五月二九日にはこれを、「各地の書林や知人、親戚などに宛てて開店通知の葉書を出した。合計壱百通。武庫郡、明石郡の中等各学校及びすっかりの小学校に宣伝書と古本買入の広告とを出した。どんな反響があるかを見た上で美嚢、加古、印南、津名、川辺、有馬の各郡へも出してみようといふ計画」にしていた。翌日には真一、敬治君が「宣伝書を配りに山手の方に行った。僕は留守(番)をして宣伝書を準備したり、手紙をかいたりする。二時間ほどして二人は帰って来た。二百拾五通ほど配って来たといふ。それで電車通以北の地はざっと終りだとか言っていた」。

さらに五月三一日には古家自身も、「今日は早く起きて阪神急行の終点（駅）へ宣伝書配りに行った。会社員らしい男、教員らしい人達、学生、ハイカラな女学生と誰れかれの区別なく配った。……僕は（神戸）二中と三中とに出張し、真一は甲南学校へ宣伝やら注文とりに行った」というように販路拡張に奮闘し、関西学院中等部、滝川中学にも及んだ。

店頭販売の状況では、「（開店早々）朝っぱらから一人お客があった。十歳位の女の子だ。八銭のお伽噺を一冊買って帰った。あとできけば隣の写真器屋の女の子だった。少しすると一人の少年が風呂敷包を持って『古本買ふて貰えまへんか』と来た。『折角子どもの持って来たものを断って終うのもあまり可哀そうだと思ったから、みんなを三拾銭で買ってやった。』外に客は一向に来ない。尤も九時頃に二人の紳士が『新本を売って居るのですか、雑誌は売っていないのですか』と言って訊ねた。『雑誌も売る考ではありますが今は売っていません』といふと、『実は警察から来たのですがねぇ』と言うから、よく見ると婦人公論を五、六冊小脇に抱えているから、『発売禁止ですか』と尋ねると『さうです』と言って苦笑した。『又是から折々お邪魔に参ります』と言って笑っている。刑事にしては温厚すぎる人達だったので、不快な気持はしなかった」としている。

開業早々の白雲堂書店にとってますます重要な比重を占めたのは、京都、大阪等の業者間で開かれる古書籍交換会であった。九月二一日に開催された大阪の古書交換会は出席者が少なくて、寂寥の感に堪えなかったが、「少し珍しいものになると案外な高価でどしどしと売れた。備中名勝考の如きも拾参円といふ予想外な値段である。（中略）最後の西鶴『（本朝）二十不孝』は一座をあっと言わせる程驚かした。あの粗本が弐百五拾六円拾八銭に売れようとは意想外とする処だった。是も鹿田の手に落ちた。二番札は細川、百五拾五円といふ値で、鹿田とは百円許りも違う。かくて売上総高七百何拾円の中、僕の出品高四百二拾何円に達した」としている。

年末二五日に古家は、「在品調査を行った結果は左の如くだった」として、

在品合計金高　約弐千壱百円
売掛金合計　弐百七拾円
現金　約五拾円
神戸現在蔵書（非売品）　八拾円
店舗資産見積　約八百円
合計　参千三百円
内　負債　約壱千壱百円
差引　現財産　弐千二百円
（昨年末現在　財産　千円）

井原西鶴「本朝二十不幸」

此の外、後藤書店預保証金五拾円を記入し、大晦日には「年末雑感」を記して一年間の成果をしめくくり、今後の抱負をのべている。それは次の通りである。

「大正拾年もとうとう終りを告げた。今年はあまり縁起のよくない年だった。住居にしていた奈良から神戸に移ったといふことはさまざまの変化を来した。奈良のような趣味のある生活は当分送れないだろう。金を儲けよう、儲けようといふ悪念に支配されて、平凡で俗な生活をつづけなければなるまい。（中略）九月の伊予行は物質的に僥倖だった。あの西鶴の二十不孝は京阪神は勿論、東京の和本屋仲間にまで噂の種になった。十月の北国行にはじめて能登の地を踏んだのは興味深いことだった。十一月の長崎行の途中、長門峡の奇勝を探ったことも尊い経歴の一つになった。（中略）十二月中に尊い宝物を得た。鎌倉時代作の木像不動明王、伝文観上人作、実際文観上人作かどうかは確信し難い点もあるが、とにかく傑作だ。（中略）年末の東京行が営業上に参考になった点も少なくなかった。絶版ものの高価なことは、とても関西地方の本屋の想像できない所である。

東京の本屋が地方へ蒐集に出かけなくなり、京阪の和本屋も地方廻りを殆どやらないので、西国

地方は殆ど独り舞台になって仕舞った。是から自分達の天下だと言ったやうな気もする。随って商売上の野心も稍大きくなって来たやうだ。益々物質的の慾が深くなりゆくやうだ。来年こそは、来年こそはと腕が鳴るやうな気もする。（中略）もうおれも三十三になるのだ。（中略）早く神戸を引き上げて、国でゆっくりした生活が送れるやうになったらと思ったり、又反対に、何日までも都会に若々しい心持で暮らしてゆきたいといふやうな気になったりする」と言っていた。

このことは言い換えるなら、白雲堂書店が個人経営であっても将来性があり、安定した基盤を守れれば故郷で、文化教養を充足できる生活環境に入りたいという欲求にしたがうべきか、それとも発展しつつある都市で経済的に、また政治的にも伸長する可能性を追求すべきかを古家は模索しつつあった。それは「高尚なる趣味、健全なる知識、深遠なる思想を養成せしむべき善良の書籍を広く販売し大いに精神界の勇士を造成」するという自らの立志目標（明治四四年「回顧録」）、初志貫徹の道にかなうことであったのかどうかを検証する時期に逢着していたとも考えられた。そして大正十年の緊迫した情勢はその一転換期であることを、筆者は見逃してはならないと感じるのである。その証左となるのは「古家日記」同年七月一一日の記事である。引用すると次の通りである。

「昨日加古川から汽車に乗らうとする時、白の角袖の巡査がプラットに群を成して上り列車を待ち受けていた。到着した上り列車の中にも角袖巡査の姿が処々に輝いていた。何となく緊張した気分を漂わせている。神戸か大阪に何事かが起こったのではあるまいかといふ不安と好奇心とが動いた。

文観房上人の彫像

兵庫駅に着くと巡査達は大抵おりて行くやうだった。自分達もおりた。一人の巡査をとらへて『何か騒擾でも起ったのですか』と聞いて見た。『どうもさうらしいやうですね』と巡査は知ったやうな知らぬやうな返答をした。電車道の方に出ると赤色の小旗を手にした、カーキー色服又はなっぱ服の労働者らしい人達が往き来していた。果たして何事かが湧いているらしいなと合点した。

実宝さん（法華山地蔵院主）と私達と三人は上筒井行の電車に乗った。電車に沿ふて湊川新開地方面に向ふ労働者と隊伍が三三或は五々、或は手に

「神戸三菱・川崎造船所争議」を支援するために造られた絵葉書

赤色三角旗を携へ、或はさまざまな標語を書いた小旗、或は団体旗などを手にして厳粛な態度で静かに歩んで行くのを見た。ものものしい感じをさせる。電車が聚楽館前に停まると、この辺は是等労働者の群集で埋められていた。交渉顛末発表演説会、電正会など記した長旒が風に翻っていた」

「七月十三日　鐘紡に福原八郎氏（鐘紡兵庫工場長）を訪ふ。

労働者の示威行列を見る。多聞通で其殿りに追いついた。電車が三宮阪神電車終点を通過した時、先頭は電車の踏切りを踰えて尚遙かに東に達していた。マスコミでは今回の労働者示威行列は規律的なのと厳粛なとで非常に一般世人の尊敬と同情とを得ている」と記している。

この時に、古家が目撃した川崎・三菱造船労働者デモの光景は瞬間時であったけれども、大争議の本質的な側面を表していた。『兵庫県労働運動史』（同編纂委員会編）によると、「東京のメーデーでさえ参加者が二千名を超えることのなかった当時、四万人に近い労働者の大行進が、労働者の自主的統制のもとに、完全に秩序正しく行われたの

は、「友愛会や争議団の幹部が細心の注意を払ったためだったが、この成功は労働者に自らの威力を覚らせ、連帯精神を強めるうえに絶大な効果があった」とし、友愛会長鈴木文治も「…糧道を絶たれつつも三万人の労働者が五十日間も運動を継続して遂に（労働運動の）根本問題に触れたこと、世界的になったこと、政治問題を喚起するに至ったこと、巾に於いて広さに於いて大きいことになったことは争えません。この川崎・三菱大争議の影響は労働組合運動だけでなく、今迄と違って心の底から要求を叫ぶようになったことを証拠立てられます」とのべていた。農民組合にも社会運動全般にもその後の発展を喚起する契機となり、根拠となった。時代は音を立てて動いていたのである。

四　関東大震災前後の白雲堂書店

「古家日記」は大正一〇年を回顧して「縁起のよくない年」であったと記しているが、社会的な事変が継起した状況からみると，発展的な契機をいくつかははらんでいた。このことは古家にとっても社会運動に献身する動機であったし、関東大震災の前後をつうじる白雲堂店主として、また古書収集の旅行家としても多元的な役割を持つことになっていた。その変化について触れていきたい。

川崎・三菱大争議（デモの先頭右は賀川豊彦）

彼は日常生活において、加西郡下里村から奈良に居を移して六年を経過していた。この間にも痼疾の脳症に苦しめられ、さらに脚気にも油断のならない状態が現れていた。個人生活では大正四年に結婚したが、翌年に離婚する憂き目にあい、大正六年に新しい婚約者を得たが、どういう経過を経たか詳かでないままに成立せず、その後に内橋美雪と結婚している（大正七年）。

くり返すことになるが、村の状態は「日記」大正一一年四月一八日で、「生活難の圧迫からのがれやうとして村を見捨て、農をやめて都会へ都会へと押しかけ、村は日一日と荒んでゆくやうな傾向が特に著しいやうである。淋しい頼りない心持がしてならない。／やっとの事で大正十年度の小作米問題が解決し、自分達の帰村を待って居った人達は昨日今日にかけて米俵を運んで来た」という。

「日記」大正一二年八月一六日では、「今日、此の村の田畑、宅地、山林の所有高を調べて見るに無財産の多いのにはあきれる。地所を一坪も所有しないもの十一名、屋敷を持たないもの、田を持たないもの何れも二十余名」であったと、郷里の環境変化を注意深く観察した。古家も農耕を離れて、僅かな耕地は小作に出していたようである。「日記」同年四月八日に、「自分達は前途の方針に就いて、少なからず頭を悩ました。早く弟に妻を迎へて、我々が郷里に帰る。それより外に方法はない。真一の南米渡航の目的は単に金を作りたいとか、男らしい事業がして見たいとかいふ野心ではなく、『人間は土に帰って生活の方法を定めなくてはならぬ』といふ本来の理想から出発したものだから、自分としても反対し兼ねるのだが、家庭の事情や吾々の境遇は致し方がない」とのべており、四月九日には「愈々自分達は郷里に帰る覚悟である。神戸の生活に対しては深い愛着を残しながらも、そう決心するの外はない」と書き、弟に書店の営業権移譲を実行した（同年一〇月九日）。

その日の「日記」には、「昨夜青年会館から帰って、急に思い出したやうに真一との間に財産分配のことを協議し、大体神戸の店の権利を全部、真一の所有とし、自分の参考書と外に現金、書籍併せて一千二百円を僕の営業資本として残すことにした。／はじめ僕の要求は千円位でいいと言ったのに対して、真一は千四百円を提供すると言った。僕も一旦それを受け入れたが、又後に真一の結婚費として弐百円を返すこととして結局千二百円と決定したわけである」とのべている。

「日記」ではくりかえし将来の方針を考えた上で

古家は、故郷に回帰して生活する決意を固めたと書いているが、彼が古書籍の蒐集・売買、旅行と山岳探勝の魅力から離れることはできなかった。「日記」一〇月二二日には、「…店を真一にやってからは収入の途が絶えたので、又せっせと働かなくてはならなくなった」とし、一二月一〇日に「大洋堂の隣の角の家に此の間から貸家札が貼られている。借りて、も一つ店を出して見てはどうだらうといふ意見が、家の中で略一致したので、念の為めに兵庫（区）塚本通の支配人の宅へ聞きに行った。月七拾円の家賃の外に畳、建具が二百五拾円と敷金二百拾円を要するといふのでいやになった」としている。しかし「日記」大正一四年一月一日には、「はじめての外出に坂口支店までいった」とあり、この間の経過は不詳だが「葺合区坂口通五丁目一番地」に白雲堂坂口支店をすでに開店していた。店には古家母きぬとたつの（朝鮮人「洪桂生」）が店番をしていた。

　大正一二年九月一日に関東大震災が襲来して、「東京の地震に古本屋も出版屋も焼けてしまって、当分本の供給がむつかしいといふので見込み買をしやうとする者が多く、（古書は）だんだんせり上る気分で平素より約三割ほど高かった」という。

　大正一四年に入ると妻の発意によって、「故郷（内橋家）の家屋財産を整理して徹底的に引き揚げ、神戸に生活の基礎を据える」「不動産その他の家財を売り払っても負債を償却すれば、後には（負債は）残らぬそうである」と楽観していた（二月八日）。この年の業況も、「（坂口）支店は益々景気よく、売上高毎日五拾円平均以上に達しているやうである」とのべ（二月九日）、五月「古本展観即売会」（主催・神戸古本商連合会）では売上百七十円五拾五銭を得、年末「古本展観即売会」でも二百十九円三十五銭の成績を得てい

関東大震災で焼け野原に

た。即売会を訪れた名士には森戸辰男、村上華岳、山川均、松沢兼人らがあったとされ、白雲堂書店の名は古典籍はもとより社会科学書の蒐集でも次第に評価を高めつつあった。

五　朝鮮、中国東北部、台湾旅行記

この時期の「古家日記」で見落とすことのできない重要項目は、彼が海外への旅行記を残していることである。

大同“雲崗石窟”

それには国内関係の「中国九州旅日記」（大正一一年一〇月　一〇頁）を除いて、「大正一二年朝鮮支那旅行日記」（同年四月〜七月　五五頁）、「第一回台湾旅行記」（大正一三年五月　四三頁）、「台北博物館蔵、石器時代遺品図録草稿」（大正一三年五月　五九頁）が続いていた。「朝鮮支那旅行日記」は大半が朝鮮・慶州の紀行にあてられ、中国東北地方の歴訪は「日記」本文に移されており、それは大正一二年五月一三日から七月二一日分に記されている。この「旅行日記」の冒頭で、古家は旅行の主題をのべている。それによると、「私は久しい間、幼児が母を慕ふやうに、恋人を慕ふやうに、大同龍門（中国）の名に憧憬れていた。（そこにある）石仏は強い引力を、私に向かって働かせた。…もう一つの大きな引力は朝鮮の慶州と金剛山とであった。慶州は朝鮮の文化が最高潮に達した新羅時代の優れた芸術品の多くが残されて居る点から、金剛山は造化が絶大の創造力を示して居る点から、常に私の心を引きつけてやまなかった」とし、旅日記の節々は「神戸新聞」に現地から連載された。

【慶州・京城】

出発の準備にも古家は慎重な手配を尽くさなければならなかったが、それは省略させていただく。

（現韓国）釜山に上陸したのは四月二五日、雨だった。そして「（二六日）八時半頃、慶州に着いた」「夜一寸街を歩いて見ると、ふと古瓦土器などを陳列した店があったので立ち寄ってみた。新羅焼や瓦の破片が棚一ぱいに陳列されていた。瓦の紋様の美しい破片があった。価をきくと、一個五拾銭だった」。

翌二七日には慶州古物陳列館を主任・渡理文哉氏の案内で拝観した。別館に入ると弥勒石像、石獅子、石造釈迦如来像、石造阿弥陀仏像、六面石幢があり、なかでも奉徳寺の鐘は「朝鮮鐘中の最大傑作に相違ない。一外人は確か世界一の名鐘であると推奨した」が、古家も対面してみて共感している。朝鮮の僧侶が椅子に腰を下ろして休憩していた。互いに言語が通じないので筆談したという。

それを要約すると、古家「今朝鮮総督府施善政乎」と聞いた。老僧は「否、毎飾文化、政治之文端而巳実即鮮人多唱不平、甚愛惜者多」と答える。僕は又こう言って問ふて見た「韓皇帝親政時代与総督府治時代、孰多益鮮人乎」と。彼の答は率直だった。「旧韓時代則莫論、今此開明同化時代総督之政治内鮮差別故毎唱不平」と。僕は亦こう書いて見せた。「今鮮人教育甚進歩可喜也云々」と。これに対しても彼は「鮮人教育熱比前大熾然、教舎不備、雖欲入学毎年幾千学生、不得参入、而呼哭者多矣」と答えて筆談を終わった。

「僧侶の爺さんは元の道を下り、僕は栢栗寺の背後に続く小金剛山の尾根のやうな所を歩いた。此の辺はちょっと眺望もよく、古墳の小さいのが群れを成して居る。中には発掘されて石廊の内部が露出したものもあり、新羅焼や土器の破片がいくらでも散らばっていた」。この後に古家は皇龍寺趾、雁鴨池、臨海殿跡をめぐって鶏林にいたり、「慶州の遺跡中、最も興味を惹くものの一つはたしかに此の瞻星台《ケンセイダイ》である。／東洋に残って居る天文台中最古のものだといふが、おそらくは世界中にもこんな古い天文台はたんとあるまいと思う」と記し、「台は高さ二十九尺余、下部の径十七尺余、頭部の広さ方八尺五寸、全部花崗岩を以て築き巧妙な構造に成っている」と嘆賞した。しかし時間は経過し「日はすっかり暮れ果てて十三夜の月が東の空高く懸かり、寂しく瞻星台を照らしていた。此の光景が一しほ旅情を深めて、嬉しとも寂しいとも又悲しいとも名状し難い一種心持に満たされて田舎道を十五、六町歩いて慶州邑内の宿に帰った」という。

東洋最古の天文台　瞻星台

　四月三〇日には慶州の西南約半里余、「太宗武烈王の陵、仙桃山城、金瘦信の墓等」を巡歴した。ここで古家の眼を奪ったのは、西紀九世紀頃の太宗武烈王碑とその功臣金瘦信墓碑である。この辺りは「西岳書院の古雅な朝鮮式建築が、春らしい感じのよい色をした仙桃城址を背景として立っている。武烈王陵の後方には古墳群がある。中には春草に覆われた大きな土墳が四基も相並んで堂々たる光景をなしているやうなのもあった。大道を横ぎって、先ず武烈王陵に行った。陵は土墳の…壮大なもので、少しく離れて例のやかましい亀趺（墓石土台の亀足型）が残っている。亀趺のみならず立派な螭首（墓石上部、蛇に似た怪獣の首）も残っている。関野博士の説によるとこんな立派な亀趺は現今では、本家の支那さえ四百四州の何処を探したって一つもないといふ話である。（中略）関野博士は其の調査報告に於て新羅初期技術の進歩を激賞されている。（中略）この武烈王碑の螭首は明らかに唐制を模したものだけれども同時代の支那のものに比すれば稍奇古簡撲の風があるとの事である。螭首（簡単にすれば龍の首）の大きさは、

広　四尺八寸
高　三尺六寸五分
厚　一尺一寸

亀趺は金陽（瘦信）墓前のものと非常に手法がよく似ている。四脚、首、頭部の刻法は実に写実の妙を極めている。之に頂と頷下に優美な宝相華

文が彫ってあり、亀の背にはいわゆる亀甲文を精緻な手法を以て刻し、其周辺には飛雲文がある。是等の文様は何れも唐式の精髄を伝へて一頭地を抜んでたもので我が寧楽朝美術とも深い関係を持っている。亀趺の大きさは

広　八尺四寸

長（頭から尾に至る）拾一尺

高（脚下より碑石下まで）二尺八寸六分

碑の四隅に柱礎が残っている。碑閣の遺址だといふ事は明らかである。

螭首中にある篆文『太宗武烈大王之碑』の八字は、太宗の第二子で当時能書の誉（ほまれ）高かった金仁問の書であろうと言われている」。

「小丘を廻って他の方角から、再び西岳里の部落の中に下りて行って西岳書院を訪ねた。朝鮮人の部落を歩くことは気紛れで、興味の深いものである。何となく浮世離れがしたようで夢の国でも歩いて居るやうな気分になる。西岳書院は新羅の名臣金痩信、新羅中期の学者薛聰、新羅末期の学者崔致遠の三人を祀ってあるといふ。

門をくぐって行くと楼台があり、更に正殿があり其の奥に又中門があって、中門の奥に祭殿がある。其の平面図も興味のあるものであり、棟の両端の高く跳ね上がった曲線風の屋根は朝鮮式の建築美を発揮している。

慶州、武烈王陵陵にある亀趺（きふ）

（中略）是は三百六十年許り以前の創建で、今の建築は約三百年といふ事であるが内部は荒廃して、学者らしい人間も住んでいない」。

付近にいた一五、六歳の女生徒に教えられて小丘に上り、金痩信墓碑に対面した。「…墓の護石を拓本するつもりだったので、流れで水を汲んで上った。（中略）墓の前は百坪以上の空地があり芝生に覆はれていた。白衣長髯の先生達が踞したり寝転んだりして遊んでいた」「…筵を延べて、其上に

（一枚の長巻の）紙をのべて詩文の寄合書をやっていた」「僕も記念にしたいからと言って、一枚書いてもらった。もう薄暗くなって来たから岳を東へ下って帰路に就いた」としている。

　五月一日午後に古家は古物陳列館で碑石、仏像や庭内の石刻品の拓本に専念した。「渡理さんが快く承諾を与えてくれたのは何よりも有り難かった。まず（中略）仏像後背石の破片を拓してみた。座像の化佛二体とそれにからむ草花模様などがはっきりと顕れて、拓本にのみ見ることのできる一種の味わいが出た」という、喜びを表している。

鮑石亭遺跡

　五月三日には、五陵に行く途中で崇徳殿に寄った。崇徳門の内側に碑閣が立ち、その側に赫居世伝が誌してあった。「堂々たる実に立派な碑である」。「本殿崇徳殿は四百八十年前の建築、即ち李朝世宗の十一年の建立、新羅始祖・赫居世を祀ったもの」である。拝殿は崩れて、往年の華麗を窺うべくもないが、「こんな立派な塔を倒壊の儘、打捨てて置くのは惜しい」と記している。

　また南山の西麓で、渓流の傍らに立つ鮑石亭遺跡を逍遥した。「亭の創立は何時代なるか不明であるが、上代東洋の貴族社会の一道楽だった流觴曲水の宴といふものを想像すべき唯一の遺跡だといふので特に有名である」「五十五世景哀王三年十月（延長四年・西暦九二六年）妃嬪と共に茲に遊び置酒娯楽せる虚に乗じ後百済の甄萱、俄かに大軍を率いて宮闕に入り、王は遂に害に逢ったといふ史上の惨劇もある。鮑石亭から松林の中を少しく南下すると、小丘の中に三体石仏が横たわっていた。是は阿弥陀仏と観音、勢至の三菩薩で（中略）、勢至菩薩と覚しきもの最も優秀である。像は二個の石から成り、別々に三間ばかりを距てて横たわっている。即ち一石には圓光頭部体の大部分を刻し、一石には体の下部一尺五寸ばかりと台座で成って居る。

圓光は径二尺八寸、五体の化佛を配置されて居る。頭部は宝冠とも長二尺、広さ一尺五寸、足の先から宝冠の頂まで七尺三寸の立像である。台座の高さ肉体豊満、稍短躯であるが手法は余程優れて居る。表情は沈静であって東洋的な深みのある表情である。腕手指等のやわらかみのある曲線は殊に優れて居る。台座の蓮弁は仰と伏との二様を用いられて居る。

阿弥陀仏は頭部の長さ二尺二寸、全長八尺五寸、即ち半丈六の立像で台座なく、後背は不完全である。観音は左手に宝瓶を持し、右手は拈華の印相をなして居る。圓光に化佛がなく、台座もない。付近にも見当たらなかった。刻法は稍浅く風化も多くて衣文不（分）明、勢至よりは劣るやうである。丈七尺五寸。

三尊揃って、而も比較的完全な此等仏像を空しく仰臥させて、風化させて終うのは惜しい事ではある。後に郡守や渡理氏に、昌林寺五重廃塔と共に保存法を講ぜられんことを懇請して置いた」としている。

この後に古家は南山の頂上をめざして登った。「一高点に近づいて来ると岩石が重畳して、凄い観を呈している。李君（案内者）と協力して、漸く一つの摩崖仏を見つけた。此の辺は李君も余り精通していないらしく、内地から来た客で此の辺に来たのは僕が最初位のことだそうな」と語っていた。古家は、ここで全長一丈七尺七寸、頭部四尺七寸に及ぶ、実に巨大な仏像が横臥、風化しているのに対面した。頂上に達し、そこかしこの「岩壁を探し廻ったが、案内書に記載の石仏は遂に見当ら」ず、南山城趾を下っている。城壁の崩壊したなかを仁王里へ、摩崖仏を鑑賞しつつ夕方には慶州邑に帰着した。

古家は五月四日に「十一時の列車で佛国寺行」。五月五日には「七時頃から石窟庵に向かって出発した」という。とくに石窟庵の描写にかんしては、いささかの省略をも許さない厳密さで観察を透徹しており、それにしたがってここでも忠実に記録しておきたいと思う。石窟庵は半島東海岸に立つ吐含山（標高二千五百三十一尺）中腹を斜めに登ると、日本海が見える地点である。「大正三、四年の頃一度修繕して失敗に終わり、雨水が洩って仕方がないので、又やり直して居る」という。「而し、一たび窟内の光景に接すれば此の失望も消されて終った。それ程窟内の諸仏は素晴らしい、立派な作ばかりだった」としている。多少の殺風景の感はあるが、「新羅時の文明が最高潮に達し、仏教芸術が極度に発達した際に築造された傑作たる事は争えない。

慈悲そのものの結晶とも見ゆる本尊釈迦如来の気高い品位とやわらか味のあるゆたかな表情とは写真版などで想像したのとはまるで感じが違う。是は全く意外に思ったくらい実物の与える大きな効果に驚かされる。ほんとに佛体から光を放つような感じがする。心から礼拝したい心持になる。全身各部の釣合もよく、手指なども豊肥で生々とした感じが漲っていた。そこには些かの不自然も渋滞もなかった。佛体の何処にも破損の跡などはなかったが、只惜しい事には穹窿式の天井石が落ちて蓮座の一部を少し傷つけていた。

内壁の菩薩像や釈迦十大弟子合わせて十五体の尊像も実に驚くばかりの傑作であった。殊に本尊の後ろにあたって稍高肉彫になった十一面観世音の像が特別の興味を持たせるのであった。それは法隆寺網封像にある九面菩薩と全く同じ系統のもので、玉顔の感じさえ大きな共通点を有し、宝瓶、衣文、玉佩等殆どどちらがどちらかを模したものかと思われる位良く似たものであった。その容貌には、愛と美の二つの理想が極度に表現されていた。美しい線は全身に流れ、殊に軽く垂れたおん腕や御手には温かい血が通っていそうだった。他の四菩薩（多分観音、勢至、普賢、文殊かと思われる）像は入口に近い所に、相対して左右に各二体づつ刻されていた。

すらりと高い身体を少しく斜めに後ろへ反らして立った姿は、比類なき精緻な手法だった。衣文や天衣の線が驚くべき軽妙さを以て、全身に流れていた。朝鮮の仏像は概ね頭大短躯なのが多いように思っていたのに、是は亦、内地のものにも稀に見る長身のものだった。奈良博物館一号室の中央に陳列されてある法隆寺の虚空蔵菩薩（一名百済観音）が六朝式の流れを汲んで随分思い切った長身に作られているが、石窟庵のは純然たる唐朝式で、我が推古佛とは少し縁が遠いのである。それで此等四菩薩像の破格な長身が興味深く感ぜられる。此等の像にも朝鮮美術の特質なる描線の発達が著しく感ぜられる。

釈迦十大弟子は以前の諸書には単に羅漢像として扱われていたやうである。（それは）正面の十一面観世音と入口の四菩薩像との間に各五体づつ陽刻されている。何れも入口の方に向って、側面的の姿勢をとっている。其の姿勢に於ても独特の興味を与えられるが、殊に面白く感ぜられるのはその表情である。その容貌は写実を超越したものであった。怪奇な神秘めいたものであった。

此等十大弟子と五菩薩像が本尊をめぐって円形に配置され、その上部には左右に各五体づつの仏龕が穿たれ、左方に四菩薩、右方に二菩薩と維摩居士、地蔵菩薩の座像が安置されている。中でも右方の如意輪観音と覚しきものは最も傑出しているやうに見えた。片膝を立て、その上に手をもたせかけて軽く顎を支え、背をやわらかく曲げ頭を垂れた姿は非常によく出来ている。その他のものも皆優れた作である。壁面、本尊の頭部の少し上に当たる背後には大きな蓮華を刻し、前から本尊を仰ぐとちょうど、本尊の圓光として適当な位置に見えるようになっている。是も面白い意匠である。

又穹窿型天井の中心は恰も本尊の頭上に当たっていて、そこには蓮華を刻んだ大きな石が建築上の実用と、本尊の天蓋として装飾用とを兼ねているのも珍しい趣向である。本尊の台座も亦他に比儔を見ない構造である」。

世界遺産　慶州石窟庵（発見された当時の画像）

「菩薩像の高さは案内書も、朝鮮古蹟図譜にも記載がないから、試みに測って見ると右壁の方の観音像は足の先から宝冠の頂まで約七尺一寸、勢至菩薩と思われる方は高さ六尺六寸、之に台座と圓光を加えると実に八尺四寸に達した。左方の二菩薩や中央の十一面観音等は測って見なかったが大同小異だらうと思われる。十大弟子は少し丈けが短いやうだった。入口の左右に四天王の像がある。是亦奈良朝時代の作に係る東大寺法華堂の四天王と相似た系統のもので、共に唐の感化を受けていることは一目瞭然である。

入口の前は長方形の庭になっていて両側に天竜八部衆像を刻し、入口の左右を扼する所に高肉彫の金剛力士像がある。石刻力士像としては傑作である。窟内外の諸像合して四十体、実に立派な一大美術館と言っていい」と賞賛した。石窟庵は、この日も第二期修理工事中であって監督官などがたち働いていた。古家は、できるなら拓本の許可を得たいと考えて申請を提出して宿に帰った。この諸否を確かめるのに一両日を要して断られるのであるが、こうして古家が慶州を去ったのは五月七日であった。

付記　一九九五年、韓国・慶尚北道・慶州市は周辺地域と石窟庵、佛国寺の三件がユネスコによって世界遺産に登録された。当該する周辺地域は現代的建造物の稠密な建築が林立するのを避けて、古代的な街並み保存に努めているとされている。このような現状を古家の旅行記と照合してみると、日本政府の統治下にあった大正一二（一九二三）年に古家が慶州古代遺跡の優秀を尊重し、保存・保護を提唱していた先駆性が評価される。

【中国東北部】

大正一二年四月に記された「古家日記」旅行予定表では、五月中に慶州から京城、さらに平壌の視察を終えて、中国東北部へ、奉天（瀋陽）に入るはずであったが、実際には五月中になおかつ京城から元山、平壌を往復して古書を収集していた。五月二二日には「毘盧峯（金剛山の最高峰）に登り、再び魔訶衍に泊」ったともしている。六月七日になって「開城出発、夜十時平壌に到着」「平壌には古本屋は一軒もない」「（六月十二日）朝から牡丹台永明寺の塔を拓本、汽車で出発。新義州に泊る」とし、翌日に「今やっとこさと鴨緑江を渡って、支那の領土に足を踏み入れました。今夜の夜行で奉天に行きます」と通信している。日記には、十四日に「夜行ですぐ大連に向かった。北京は無政府状態で物騒（危険を予想する状況）だ。大連から旅順へも行って見る考えだ」とあり、あんなに憧れていた大同、雲崗には入っていなかった。わずかに北京で一般的な観光コースを散策している。七月二日「日記」には、「今夜は張家口で一泊し、明日午后一時ごろには大同につきます」とし、七月三日には「雲崗石仏寺到着」としているが、無記事のままで七月十四日に、「愈々北京も今日一日を名残として」朝鮮半島回りで帰国する予定であり、神戸着が七月二一日になると知らせている。

予告通りに帰宅した翌日、二二日には「旅行中の買物を明記し終って概算して見ると約千百円余の買物になって居る」として、収集した古書や拓本類の整理にかかっている。出発時に携帯した旅費は三百円、古書籍買入予定金及び雑費は五百円としていたから、支出はかなり超過しており、元金回収に相当の努力が求められたと想像される。

【台湾】

古家実三が海外旅行先として朝鮮、中国東北部の次に嘱目していたのは、台湾であった。それを実行したのは一年後の大正一三年五月であり、それは別冊『第一回台湾旅行記』としてまとめている。第二回がどうなったかは不詳であり、第一回そのものも旅行記の完成したのは実際には昭和四〇年であって、それほど遅れた理由については、次のようにのべている。

「この当時の日記はなく、その代わりに神戸新聞への寄稿『台湾生蕃物語』と題してぶっつけ本番に書いて、日記代わりとしたので、それには可なり詳しく上陸以後の日記を書いたのであるが、それを後日この日記帖に書き写すつもりだったのが、つい多用に紛れてその機会を失い、いつしか新聞も紛失してしまったので、昭和四十年五月までも空白のままに打ち捨てて置いた。偶々『日本古文書通信』に連載の寄稿『仕入旅日記』が昭和三十七年三月号から掲載し始められて四月には、その第三十七『朝鮮、中国の巻』23、大同石仏寺（二）が掲載され、あと二回で中国を終って、次に台湾の巻を書く段取りにしている。この台湾の巻は編集上の都合で掲載するか否かはよくわからないが、この日記帖の空白は何とか埋めておきたいものと考えて、昭和四十年五月十六日の夜から改めて執筆する次第である」としている。

［註］古家は「神戸新聞」に『台湾生蕃物語』紀行を載せたというが、ここでも「生蕃」の語が使われており、現在では意味不明であると思う。『広辞苑』によると「台湾の先住民である高山族（高砂族）中、漢族に同化しない者たちを清朝は「生蕃」と呼んで追窮し、同化に従順な部族を「熟蕃」として差別していたのである。古家もこの歴史的経緯を後述している。

台湾原住民、「生蕃《せいばん》」と呼ばれた

では、この「台湾旅行記」で古家が眼目としたのは何であったのか、朝鮮、中国旅行記にのべたようには明示されてなかった。したがって台湾旅行の目的は、通読者に解釈の余地が残されているので注釈しておきたい。私見では、古家が台湾旅行の目標としたのは第一に古書探索であり、基隆、台北、台中などの各都市で熱心に書店を巡歴し二百点以上、五百円以上に買入資金を投じたことでも、それが目標であったことは証明される。第二には、古家も植民地主義的影響の下で台湾原住民をここでは「生蕃」と呼んでいるが、原住民の生活状況、社会構成体、文化史的な興味、関心を果たそうとして綿密に追究している。第三には、可能ならば阿里山、新高山への登山を欲求して、接触を求めていたということになる。

まず古書探索の経過を訪ねることにする。「五月九日の朝、船が基隆の港に着いたと知った時にはどんなに嬉しかったかわからない」「第一に基隆の書店といふものがどんな風な店であるかが知りたかった」「新原といふのが新聞（店）を兼業にやっているのが第一の大書店といふことだが、新聞や文具で店の繁栄を得ているのみで、本はそう沢山持っては居なかった。絶版ものなどはもう一冊も残って居なかった」という。

五月一〇日に台北市に移って、「台北第一日の古本屋漁りは予想以上の成績であった。…在庫品も思ったより豊富で、自分に対する応接の態度もよく、価格にも無理がなかった。…京城のように在庫品は豊富でないが、京城よりは遙かに買いやすく、また奉天や大連に比較すると勿論古本屋の数も多く、一般に在庫品も平均して」いた。新起町の新田東洋堂では二三点、四十円十銭の買物をしたが、「良書と思われるものは内田清之助の『日本鳥類図説　続編』、和本の『箋註和名類聚抄』十冊、『台湾における有力植物』、高野辰之『浄瑠璃史』、帝国文庫『歌謡類聚』二冊等であった」。

「次に同じ新起町の日台堂書店では、（中略）僅かに当時絶版であった『日本古代法典』一冊、『日本西教史』下巻、『女官物語』一冊等が珍しかった」「次に新起町市場の二階に平光書店というのがあった。雑本ではあるが…商業経済、工学、数学の普通書を主として若干の国文、歴史関係の書を併せて五十一点、八十二円三十銭という買物であった。（中略）『芳賀の人名辞書』一冊弐円、『ヘロドトス』一冊一円三十銭、これは現在でも珍本である。『台湾名勝旧蹟誌』一冊弐円、この本は四十余年後の現在も所蔵している」としている。

「新本屋の文明堂書店では『日本経済史』竹越（与三郎）八冊が残って居ったが、価格は九拾円と言われて驚いたが思い切って買ってきた。元価拾円余りと分かっていたが、当時人気の絶頂にあった本である。（中略）この経済史は神戸に帰って間もなく、東京北沢書店の主人が来て百四拾円かですぐ買って行ったことを記憶している。

当時台北旅館の宿料が二食付一泊弐円だったのだから、まさに七十泊の価格であり、またその利益も二十五泊の宿料に相当するわけで、台湾旅行中のみならず過去の朝鮮、中国旅行中にも類を見ない新記録であった」としている。

五月一三日には、「台北第一の大書店、新高堂に交渉してそのストックの整理を請うた。三階にストック品を積み込んで居るからと案内せられた。期待した程にもなかったが、やっと五拾点ばかりを譲り受けることができた。／吉田東伍の『大日本地名辞書』縮刷版七冊揃が筆頭で、価格も五拾五円と当時としては余り安くもなかったが、確実な買物であった。『古今図書集成分類目録』は当時も現在も依然として重宝がられている参考資料であるが二部も残っていた。和本の『蒙古襲来絵詞』三冊、絵入『浄瑠璃史』三冊などもあり、『国訳大蔵経　経部』十五冊揃の外欠本もあり、国書刊行会の欠本や『国文注釈全書』の欠本その他、主として国文、歴史、美術書等合せて約五十部、金額にして百八拾弐円を購入した」という。

台湾旅行前後を通じた古書買入の実績は、「旅行記」末尾で総括されているのをみると次のようである。

「　台湾旅行古書買入総括
四月三十日ヨリ五月五日マデ
経路中国九州買物全部
　一金　壱千壱百弐拾円九拾九銭
五月十日ヨリ五月三十日マデ
台湾内ニテ買入合計
　一金　六百弐拾五円弐拾六銭
六月四日、六月五日
帰路北九州及下関買入合計
　一金　百五拾壱円参拾五銭
以上合計　金壱千八百九拾七円六拾銭
右　売上合計　金弐千四百円也　」

すなわち買入価格は合計一八九七円六〇銭であり、それを価格二四〇〇円で売却して五一〇円なにがしの利益を得ているが、非常な過密労働であった。

第二の問題に移ることにして、古家独自の台湾原住民の社会構成体研究、文化史的な探勝について追跡すると、日記では五月「十日から十四日までの中、小閑を作って総督府の博物館と植物園、円山の貝塚遺跡」を訪ねている。古家は、「研究というには予備知識が全くなく、新たに研究するには時間がかかるので、只珍しい種々の熱帯植物を見て通るばかり、榕樹の大木が一番印象に残った程度である」とも記している。しかし博物館では特別な関心を寄せて、石器の作図に熱中した。

というのは、「石器の中には日本内地では見られない巨大なものがあり、量的にも相当豊富に陳列されていたので、是は珍しいと大いに興味をそそられたので事務所に請ふて、その図録作成のため一々箱から外に出して貰って写生図を作り、神戸に帰ってから『台湾石器時代図譜』と題して謄写版摺の冊子七十部を作製した。こんな気紛れな素人の謄写版摺冊子が図らずも東京帝国大学人類学教室をはじめ専門の考古学者からも注文が来たというので、大阪の高尾書店から何回も持ち帰って古書目録で売ってくれたので、売品は悉く売れつくし、五部か八部かを残していたものも人に贈ったりして今では二、三冊を残すばかりとなった」と記している。

この事情は、前述の謄写版刷『台北博物館蔵石器時代遺品図録草稿』（全　六〇頁）の序文でも説明している。それには、

「（前略）台北博物館の陳列品を一覧して、是等の石器に興味を覚えたので縦覧すること前後四回に及んだ。台北博物館の陳列品は生蕃の風俗研究に関する資料を主として南洋諸島の土俗研究に関

日本の統治時代の1908年に設置された台湾で最も歴史ある博物館

する参考資料、台湾に於ける石器時代の遺品等頗る豊富である。予は格別人類学、考古学を研究したわけでもなく、該智識を有するものでもないが、台湾先住民の遺品を集めた出版物はあまり見受けないので、この図録を作っておけば、旅行の記念としても多少の意義を有することでもあり、又考古学者の幾分かは参考になるであろうと当局に請ふて、その許しを得、現品について一々図写したのが本図である」「…図は悉く実物に就いて忠実に描写し、何れも実物大になっている。極めて粗朴な図ではあるが曾遊の記念品として捨てるに忍びないものである。後世何人の手に渡るか知る由もないが虫損、火難等に遭はぬよう、どうか保存に注意していただければ、地下から感謝いたします。

昭和十六年八月七日、雑品整理中発見し改めて由来を記しておく次第です。

神戸市葺合区坂口通五丁目一番地

白雲堂書店主　郷里播州にて　古家実三　」

としている。

この古家編纂『台北博物館蔵　石器図録草稿』を再読して見ると、石器の種類は石斧が大半であるが、石刀、石槌等もあって点数は九七に及んでいる。巨大なものは嘉義出土の石斧で全長四八・五cm、幅一七cm、(厚不記)　高雄出土の同長さ三七・五cm、幅二一・三cm、厚四・三cmがある。石質は玄武岩または安山岩と記されている。

この後、五月一八日に古家は高雄を訪れている。そして「あてもなくぶらぶらと足に任せて街を歩いたり港を見学して、夕方東南約半里の潮州に着いて一泊した。明日は愈々単独で蕃界へ入って行くのだと思うと何となく緊張して眠れない。その上、不気味なヤモリが壁にくっ付いているのが目ざわりになってやりきれなかった」と言っている。蕃界と言っているのは潮州から約五里、山岳地帯に入った「生蕃部落」のことを指すが、このルポは要約の余地がなく、項を改めて全文を遺すことにする。

生蕃部落チンガサン社及ライ社訪問記

昨日(五月十八日)から胃腸を毀して今朝も一向に元気がないが、健康の回復を待って蕃界入をやるというようなのん気な事を考えて居られないので、思い切って出かける事にした。宿の主人は朝早くから、已に自転車の準備をしてくれている。早速、郡役所に行って入蕃　許可証の下付願いをして来た。すぐ許可を得たので九時半、潮州を立ってライ社に向った。

潮州からライ社までは約五里、最後の二十町は急峻な山を登って行くのだと聞いているが、山麓までは自転車が通ずるというから高をくくっていた。

沿道はなかなか面白い。台湾の田舎らしい気分を汽車の窓から瞥見するよりは、一層しみじみと味わうことが出来る。潮州の街を出ると三、四町で右に折れて、岐路に入る。岐路といってもかなり広道で、左右は並木になっている。

人家のある所には左右から糸竹が蔽い来って見るからに涼しい。時々かがんでいる子供や大バカものの水牛がのそりのそりと道を遮って自転車の邪魔をする。四林の村を出ると左右には竹林も人家もない一直線の道路が緩勾配の平原を山の方に向っている。

山は莫々たる雪に鎖されている。平地のつづく限りは本島人に占有されて終って蕃人は悉く山の中にとじこめられ、そこに原始人的な生活を送っているのだと思うと気の毒になったり、弱者に対する愛が湧いたりする。四林から少し先、途中蕃人らしい男に逢った。

台湾絵葉書（明治大正）富山県高岡市芝商店蔵

四林から約二里の野中の一本道は稍単調な感じもするが、いろんな空想と共に駆けているとそう退屈もしない。時々農耕をやって居る本島人の男女を見る。此辺の本島人の女は牛耕をやっている。平原の上部は台湾製糖株式会社の甘蔗栽培地になっている。

道に沿うて一条の水路が設けられ、山の方から清い水が豊富に流れて来る。とうとう東の山脚にぶっつかった。山麓に日本家屋が二棟並んで建っているので、茲が巡査派出所ではないかと思って立ち寄ってみると、台湾製糖会社の出張所だった。ライ社へはまだ二里半もあるのだ。（ここの）事務員もまだライ社へは行った事がないそうだ。「茲に居る間に一遍は行って見たいと思っていますが」などと、言っている。

内地人か本島人か、ちょっと見当のつかぬ男が三、四人ごろごろしている。皆あまり要領を得た説明を与えられないが、とにかく山麓までは辛うじて自転車は行くが、それから登りが大分きついということに一致する。

三町ばかり行くと、山は左右から迫って中に渓流を挟み、感じは一変する。道の悪いことはお話にならない。木標に曰く、生蕃地境界標「是よりライ社駐在所まで二里廿二町」と。偶々屈強な生蕃の青年二人が山を下って来るのに逢った。腰には例の蕃刀を挿して居る。何だか少し気味悪く感じたが、向ふからは「今日は」と丁寧に挨拶をされた。

道は急に悪くなって渓畔に作られた蛇籠（じゃかご）を斜めに三間ばかり下らなければならぬようになっている。靴ばきではとても下れそうにないので、靴をぬいで下に投げておいて、自転車をかついで降りて行く。危険な事夥しい。（蛇篭＝丸く細長く荒く編んだ籠の中に、栗石や砕石などを詰めたもの。河川工事の護岸・水制などに用いる。）

生蕃の青年が危うがってわざわざ後返りして来て「あむないよう」とおぼつかない日本語で注意してくれる。一つの蛇籠を下ると又一つある。今度は少し短い。やっと二つの蛇籠を下り、渓流といっても水の涸れた川原の中を横切って、やっと一本道の上に出たが幅二尺にも足らぬ細道で、おまけに礫石が横たわっているので自転車は遅々として進まない。乗ったかと思うと、すぐに降りなければならないのだ。

又蕃婦が二人、頭に薪をのせて下って来る。頭に草を編んだ冠を巻き、その上に薪をのせている。一寸品のいいお婆さんだった。笑顔を作って頻りに何か言ふが、吾輩に蕃語がわかる筈はない。

左右の山は所々、斜面を拓いて農作がやってある。然し生蕃の部落らしいものは一向に見えない。渓流の礫石上を横切り、悪路を進んで行くこと数丁、こうなっては自転車は只邪魔になる許りである。しかも身体の心地がよくないのだから、愈々大儀である。自転車を草むらの中にでも隠しておいて、歩いて行こうかとも思ったが万一、盗まれでもしては迷惑だからと、又も我慢して悪路を押して行く。ライ社方面から流れて来る林子辺渓は山の尽きる辺に到って一部は灌漑用水として貯水池に吸収され、一部は広い石河原の中に吸い込まれてしまふが、一里ばかり渓口から進んだ所になると、渓流中を横切る所がある。茲に到ると、清く澄みきった水は石版岩の小石の上を流れている。あたりには蕃婦が子供をつれて、何か洗っている。四辺の山は愈々高い、全く別天地に這入ったような感じがする。此の流れを横ぎった所に指導標が立っていて、ライ社駐在所へ一里十八丁とある。渓水で固腸丸（売薬、整腸剤）をのむ。

是から先は、道は細いながらも自転車に乗り得る所が処々にある。渓流を渡る所には丸木を並べて橋も造ってある。粟などを栽えた焼き畑も、処々に黄色の色彩をあらわしている。水は愈々清い。幾度も幾度も休んでは、渓水を飲む。山岳旅行中、水を飲む位うれしいものはない。夏、登山旅行をやった者は、誰しも経験のある事と思う。

こう渓流ばかり飲んでは、一層胃腸を毀しはしないだろうかといふ懸念がないでもなかったが、そんな理性を以て抑えることは到底できるものではなかった。愈々山脚にぶつかった。もう自転車は一歩も進めようがない。新たに開かれたらしい、稍幅の広い「いろは道」が急峻な崖を縫うて登って行く。山脚に駐在所があって自転車も預けられると、聞いていたのに一向に駐在所らしきものはなく、只お粗末な小屋が一つあるきりだ。茲に到って疲労と暑さで、とても是以上山を登って行くという元気はなくなった。

で、疲れ果てた身体を小屋の中に運んで、冷たい石の上に踞し、うとうとと眠りかけていた。ふと人の足音に眼をさますと蕃童が行き過ぎる。すぐ後へ七、八人、逞しい生蕃どもが何れも蕃刀を腰に横たえ、長槍を手に提げて下って来た、あまり気味のいいものではない。然しその豪強な風采や容貌とは反対に、至ってやさしい態度で「今日は」と一人ひとりが挨拶をする。「今日は」の外、あまり内地語を知らぬらしい。ライ社はまだ遠いか、と言っても一向に要領を得た返事をする者がない。

身体の具合は依然よくないが、何とか勇を鼓して登れるだけ登ってみようといふ気になった。自転車などは小屋の中に捨てておいても、滅多に蕃人がさらって行くような事もあるまいと思って、そのまま残しておいて一歩々々苦しい息を吐きながら登って行った。

渓は愈々深くなり、渓の奥には急峻な高峰が雲をついて峙っている。六千三百尺のタリリク山であろう。巨人に対するような崇厳な感じを与える山である。少し登ると向こうの一画にどうも蕃人部落が有りそうに見える。子供のはだか姿も一つ見えた。あそこまで位は何としてでも登れぬ事もあるまい、というような元気も出た。一歩々々は容易でなく大きな吐息と共に登って行く。

途中に樹木のよく繁った、少し凹んだ所が見える。あそこまで行けば水を得られるかも知れないといふ想像が無理にも元気づけてくれる。果たして、そこには美しい飲料水が得られた。しかも蕃人の仕事だろうか、トタンの円管で樋を作ってある。甘そうな水だと思うと疲れも苦しみも忘れて、一気に五、六杯を両手に掬って飲み干した。ついでに固腸丸をも飲んだ。

甘露に元気づいて、最後の五分間といふ意気込みで登って行った。やっと一つの蕃社に達した。そこには裸体の子供や半裸体の女が粟を搗いたり、屋根の上に食料を干したりしていた。見ると家屋は悉くスレート造りである。壁も屋根も悉くスレートである。

子供は頭を下げて例の如く「今日は」をやる。こちらも愛想よく挨拶を受けてやる。家屋は次から次へと重なりあうのを見ると、是はライ社ではなくてチンガサン社になっている。さては道を間違ったのだろうかとも思ったが、どう考えても間違えそうなところはなかった。少し日本語のわかりそうな子供に、ライ社は何処かと聞いてみると、「あちらであります」と上の方を指すばかりで、詳しいことはわからない。

一人の子供が「是は私の家であります」と言って指さし、戸口の方に導くからついて行くと厚い板戸を開けて入れてくれた。中はまっ闇である。然し暫くすると洩れ入る貧弱な光線で内部が薄明るく見えてくる。いたって単純な構造であるが薄気味の悪い気持ちがするので、すぐに出た。

「学校に行ってるか」と尋ねると、子供は「ハイ、ライ社の学校に行きます。私は三年生であります。そばの子供は二年生であります」と、はっきり答える。それから今度は二人で、「雲にそびゆるたかちねのー、たーかねおろしに、くさも木ーもー」と紀元節の唱歌を歌い出す。

ライ社方面に達するらしい稍広い道が斜めに上がって行くのを見て、遠くはあるまいと考えたから、勇を鼓して登って行くと三、四丁でライ社の部落に達した。ずっと上の方には日本家屋も二、三が見えたので大いに力づいた。「もう大丈夫」といふやうな気がした。此方は家の数も非常に多い。何れも純スレート建築である。家と家との間には辛うじて通れるくらいの道がついて居る。道も悉くスレートを畳んだものである。

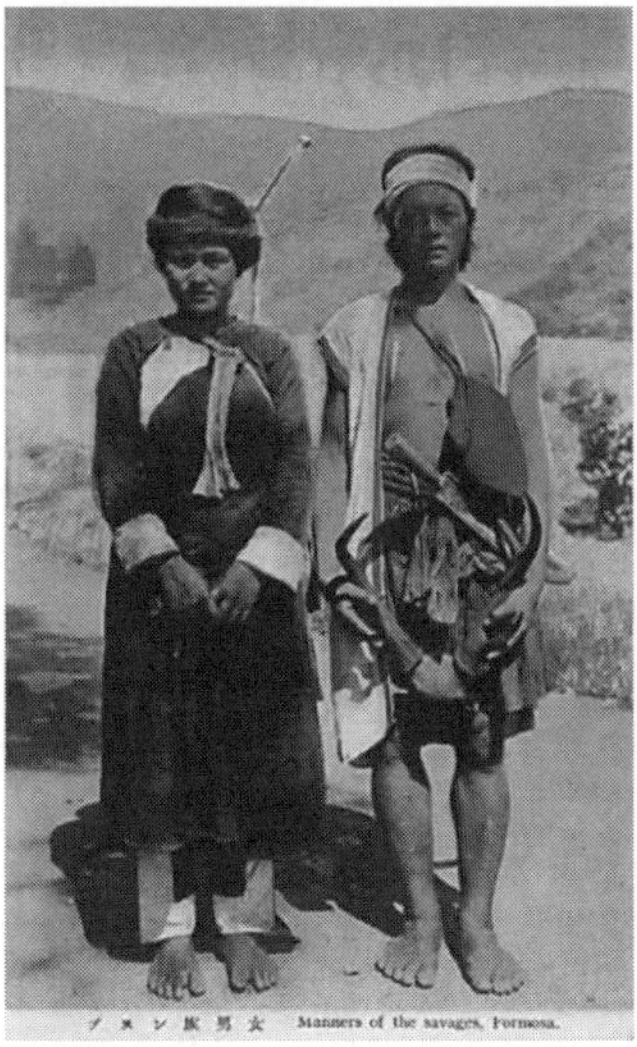

日本統治時代の台湾、高山族のスナップ

なかには軒下に、赤く彩色した木彫をもって装飾したのもある。木彫は極めて象徴的なものだ。そこから日本人家屋の方へ上って行った。向うの方でも内地人の姿が見えたといふので、こちらを見て居る。婦人の姿も見える、蕃童の姿も見えた。登って行ってみると、一つの物置のやうな建物には「ライ社蕃童教育所」といふ看板が懸かって居る。も一つの建物は大分立派な日本式建築になっている。

筋骨の逞しい、少し無精髭の生えた警察官らしい人が机に倚っている。名刺を出して、内地から視察に来た旨を告げると、向うからも「潮州郡ライ社警察官吏駐在所勤務　高雄州巡査難波尚寛」といふ恐ろしく長い肩書付きの名刺を出して、親切に応接してくれた。夫人も出て来て挨拶する。微恙を冒して登って来た事を話し、なにかと尋ねた。「此処では内地人の方はあなた方ばかりですか」と聞くと、「此の上の方に小林さんと言って油絵を描く人が一人います」といふ。蕃社の中に洋画家が来ていると聞いて、驚異の感に打たれた。「なんでもこういふ所に住んで居るのが、気持がいいとか仰言ってね」と、難波氏は付け加えた。「あとで一度御紹介します。それから蕃社の方を御案内します」とも言った。

蕃童教育所の模様を少し訊ねた。生徒は二年と三年とで合計三十名、内男二十四人、女六人だそうだ。定員が三十名だから、三年が卒業して終わらなければ一年生を容れる事が出来ないのだそうである。蕃人は殆ど教育なんて事を考えていないので強制的にやらさなければ、とても入学しないそうで明治初年の内地よりもひどいと言っていた。

それから難波巡査の案内で小林さんを訪問した。簡単な家だが、室内に飾られた蕃人像の油絵が深い力をもって迫って来る。描かれた蕃人の顔は力そのもののような強さをもっているが、その眼や筋肉の何処やらに、人間らしい純な、やさしい愛すべき表情があらわれていた。室の一隅には蕃刀や蕃人の彫刻になる人形などが飾られていた。奥さんが出てきて難波さんの紹介を、そのまま奥の別室に居られる小林さんに取り次がれた。小林さんは芸術家らしい温厚な人間味のある人らしかった。

蕃人の芸術について少し話し合ったりしたが、身体の具合が非常によくないので、むしろ苦しかった。是で身体に故障がないのだったら、いろいろ話してみたいと思った。

此の付近の蕃人は彫刻が殊にうまいそうだった。北方に行くと刺繍が非常にうまいのが居るそうだった。然し近来は蕃人の芸術味は次第に衰えて来て、もう以前のような立派な作は望めなくなったといふ事だった。

小林氏、名は保祥と言って東京の人であるそうだが、蕃地の生活を愛して奥さんと二人きりでこんな所に家を造り、自家の芸術に魂を打ち込んで居られる。尚、小林氏の談によるとライ社は海抜一千五百尺の地にあるが、是から最高四千四百尺の峯を越えて行くと海抜三千四百尺の高地にクナナウ社というのがあって戸数三百四十、全島でも最大の蕃社であるそうだ。途中の高峰を踰えるあたりの森林が何とも言えないといふ事であったが、是の身体では行って見たいといふ気も起らなかった。

小林氏の話ではスボン社以南は半ば掘っ立小屋式家屋が多く、スボン社以北のマウタウラン社より南はスレート式建築だという。総督府発行「蕃族慣習調査報告書」を見せてもらったが、是はよほど精密な調査報告らしいので是非一部は手に入れたいと思ふ。

小林氏宅を辞してから難波氏の案内で蕃人の家々を見せてもらった。少し下って行ったところに頭目の家があった。家の軒には面白い彫刻が飾ってある。大部分は人間の姿を巧みに模様化したものと、蛇を模様化したものである。彩色は朱に、少し黒色が用いられている。おかしなのは男女の陰部を露骨に表したもの、或は女陰だけを彫ったものもある。

戸口では頭目の細君が仕事をしている。難波巡査は何かを蕃語で話していた。前には少し広い庭があって、大きな榕樹の下に石壇が造ってある。実に太古の民の生活だと思いつつ、彼らを見て居ると無限の興味が湧いてくる。頭目の娘といふ十二、三の娘がいたが愛くるしい、感じのよい表情で顔の輪郭もなかなかよく、あれで色が白かったら実に立派なお嬢さんだ。着物も黒地に赤や黄の刺繍を施したよいものであった。いったいに此処の蕃人の容貌は非常に日本人に近いものである。只色が黒いだけの相違である。難波巡査の語る所によると言語も日本語に頗る似たところがあるし、どうしても親類筋だといふ気がするし、彼らも日本人は同族だと言っているそうである。だから日本人は殺さないと言うのだそうだ。

次には副頭目の家に行った。今度は中に入ってみた。女が一人で何か仕事をしている。家の中は十二畳くらいもありそうな長方形であった。床も天井も壁もスレートだが、随分大きな立派な石材が使ってある。籠の中に、蕃人の織物に成る古い

霧社事件で生き残った山岳民族のセデック族が強制移住させられた清流部落の全景

衣類があったから、その中の刺繍模様の面白いものを見つけて、売らないかといふことを難波氏に交渉してもらったが、話はまとまらなかった。難波氏の話によると、此の大きな床石の下には先祖代々の死骸が埋めてあるそうだった。戸外に於て過失で死んだり、敵に殺されたりした者は神の懲罰を受けた者として戸外に埋めるが、屋内で死んだ者は決して屋外には埋めぬそうである。「そんなことにして臭くはありませんか」と聞くと、床下は深くなっていて埋め終わると元の通り床を直し、すきは密閉するから少しも臭気などはないそうだ。此の辺は日本の古代と大いに習慣が相違している。

なにか蕃産物を土産として買って帰りたいからといふと、難波氏は次から次へと連れ廻って交渉してくれたが、結局蕃刀一振と背負袋、笠を買うことになった。それまでには随分面倒な交渉を難波さんは蕃語でもって、巧みにやってくれた。こうして蕃人家屋の内部もたくさん見ることが出来た。

難波さんに別れを告げて帰途に就いた。帰りは下り道で渓まで下れば自転車にも乗ることが出来、渓流を下ってしまうと平地にちかい緩慢な坂道で自転車は面白いように転がって行く、何の苦痛もないばかりか至極勇ましく、快適であった。

(五月二十日には潮州から台南に帰り、製糖会社酒保にいた郷里下里村の隣家出身の浅見留三郎を訪問し、歓待されてここで三日間を過ごしたとしているが、その記事は省略する。）

私の次の日程は嘉義から阿里山に登って、途中タッパン社という蕃社を訪ねることだった。（中略）五月二十四日、阿里山行きの運材列車は午前九時ごろに発車した。これは一日一回しか登らない。汽車と言っても小型で、機関車の他は客車一輌、貨車一輌に過ぎず、客車も座席は広々と空いている。嘉義を出発した列車は山脈中の支峰の周囲を、幾つかのトンネルを出入りしつつ螺旋状に登り、最後に山脈の一角に辿りつき、縦走して次第に阿里山に向かって進んだ。

登るに随って森林は深くなってジャングルの様相を帯び、到底分け入ることが不可能と思われる程樹木は密生している。

「台湾名勝旧蹟誌」によると、『阿里山は新高山の西方に連立する山系の総称で鹿林山（ロクリンサン）を最高とし、塔山（タアツアン）を最低とする。最高なるは海抜九千六百十六尺にして、最低なるも尚七千五百七尺の標高を有す。阿里山森林は其れ四千五百尺乃至約八千二百尺の間に於て面積一万一千九十九町歩に亘り、蓋し千古の原生林なり。林樹分布の状、必ずしも一ならずと雖も海抜四千尺ばかりの処より□類柯楠木等の濶葉樹林顕れ、漸次高きに登るに従い□類その多きを加え六千尺以上に到れば、始めて有名なる老紅檜の点綴するを見るべし。七千尺以上より紅檜及び檜の混淆林となり、八千尺以上に達すれば漸次□林と変ず。山林の経営については或は大倉組の請負、或は藤田組の経営に委せしも明治四十一年官営に帰し、運材には嘉義と二万平間に四十一哩の森林鉄道及び二万平に連絡せる林内鉄道を敷設し、製材には一千馬力の蒸気タービン発電機の外幾多の新式機械を装置し、一日七百尺内外の製材能力を発揮せしむることを期し』云々と説明している。但しこの書は大正五年の刊行であるから、製材能力はこれより幾分上昇していると思われる。

海抜五千尺に達したところに停車所がある。そこから西に向って渓谷に下って行くとタッパン社その他の蕃社が点々としているからである。何しろ海抜八千尺近くまで登って行くのであるから、登路の汽車の速度は極めてゆるく、達者な男なら速足でついて行けそうに思われるくらいである。二万平の終点に下車して、近くの旅館に入った。そこから有名な阿里山神木と称する紅檜の巨木を見るために、少し下って行った。神木は鉄道線路の傍にある。「台湾名勝旧蹟誌」によると、神木の所在地は海抜七千二百尺のところで『亭々として天を摩する紅檜の一大樹あり、目通しの周囲六十五尺、直径二十尺七寸、枝下四十五尺、全長百三十五尺、用材部材積千九尺〆、樹齢約二千年と称し、本邦無比の巨木なり。今は神木と称して棚を建て鉄条をめぐらし、年々神縄を飾れり』と記している。

阿里山からのながめ

今夜は雨になり寒気甚だしく、是ではたとえ雨がやんでも、到底頂上までは登れないとあきらめて、明日は再び運材車で下り、五千尺で下車してタッパン社を訪れることを決意した。阿里山すらこういう有様であるから、新高山は猶更登攀は一層困難と考えられるのであった。

五月二十五日、五千尺からタッパン社に下って行った。蕃社の青年五、六人が道連れになった。阿里山へ植樹作業に雇われて行っていたということだったが、彼らはよく日本語を語り得るのだった。我々の履くような地下足袋を履いており（蕃人はよく裸足でどこでも歩くのだが）、服装も日本化していて容貌だけが多少異なっているだけである。彼らは蕃童教育所で四年間の教育を受けているので、日本語の会話には事を欠かなかった。

やがて目的の達邦社（タッパン社）に到着した。茅葺の割合大きな家が建てこんだ集落であった。警察駐在所を先ず訪ねて行った。タッパン社は此地方では一番大きな蕃社で、戸数は百戸以上もあるようだったが、日本人はこの駐在所の一家族だけだった。駐在所長は年配の人だったが、品格のある一見学者風のタイプで藤沢文寿と言う。あとで聞いたのだが官位は巡査部長で、その下に巡査補を三人使っている、何れも蕃人の中から頭のよい、教育のある（といっても蕃童教育所卒業程度だらうが）青年である。

自分は好奇心というか、蕃地に行ったら首長の家に一晩泊めて貰おうという考えで、蕃人の最も好むといふ日本酒の瓶詰と赤い布切等を土産に持参していたのであったが、一応その事を藤沢氏に相談した。藤沢さんは笑って『随分物好きですなぁ、しかし蕃人の家は虱が多くてとても眠られませんですよ』という。『そうですか、そいつは困りましたなぁ』とつぶやくと、藤沢さんは『駐在所にお泊りになったらいいじゃありませんか。ご馳走は何もありませんがねぇ。久しぶりに内地の話をいろいろ聞かせてもらいたいですねぇ』と言い、奥さんも傍から言葉を添えて『そうなさいましよ。ここでは蕃人ばかりで、内地の方には滅多にお目に掛かれないいんですからねぇ』と、心から歓迎の意を表されるのであった。

『そうですか、それではお言葉に甘えまして』ということになり、『なるべく多くの蕃人の風習や蕃社の状態が見たいと思いまして、高雄郡潮州の東方ライ社にも行って来ましたが、昨日は阿里山に行きましたが雨に降られて登頂は断念し、神木だけ見て引き返して来ました』と、今日までのコースをかいつまんで話した。（それにたいして）『お一人で大変でしたねぇ。では少し、そこいらを歩いてみましょうか』と、藤沢さんは先に立って案内役をしてくれたのだった。『首長の家に行って見ますか』と、あまり遠くもないその家に案内された。

天地根元造りに似た茅葺の、割合に大きな家だったが中に入って見ると、薄暗かった。天井は合掌造りで相当高いが、床もない土間がだだっ広くひろがり、中央に石を囲んだ最も原始的な炉が切ってあるのと、隅っこに少し高くなった床の上に囲いをした寝所があった。

室の一方に鹿や猪の頭部の骨、言わば骸骨を積みかさねて室内の装飾にしたのがあるだけで、一向に家具らしいものもなく、その点は北海道のアイヌの家屋よりも更に原始的であった。『蕃社の家屋は個人が再建したり修理したりせず、毎年順次に一戸なり二戸なりを蕃社中が集まって造作するという慣習があります』と、藤沢さんは説明した。

『青年に弓を引かせて見ましょう』と言って藤沢さんは、一人の青年を探し出して五〇メートル程の距離から樹の幹をねらって弓を引かせたが、実に百発百中であった。

阿里山森林鉄道阿里山線の阿里山号列車

次に蕃民集会所を視察した。蕃社の者が全部集まって会議する所である。そこは床が非常に高く、周囲に鹿、猪等の骸骨が夥しく集められ、整然として陳列されている。昔は文字通り人間を馘首したそうだが、現代ではその習慣は絶滅して「馘首」の語は日本内地に輸出されて工場や官庁で解職したり、解任することを意味するものになっている。

呉風という中国の官吏が自ら犠牲となり、一命を捨てて馘首をやめさせたといふ美談は日本の教科書にも載せていたことは、知る人ぞ知る話である。

次に「蕃物交換所」という設備を見せてもらった。ここは内地製品と蕃地生産品とを交換するところで、言わば小規模の貿易所であって、蕃物は主として獣皮、鹿の角等であり、内地からの輸入品が主である。私は鹿の皮一枚と鹿の角一対を買って来た。

こうして諸所を視察してから駐在所に引き揚げて、そこに泊めて貰ったが、風呂にも入り、夕飯の馳走になったが、給仕に出た一六、七歳の品のよい、しかし少し色の黒い娘をてっきり藤沢さんの娘と思ったので「お嬢さんですか」と聞くと、藤沢氏は「いや蕃人の娘ですよ、今うちの仕事を手伝いつつ教育所の四年に在学しているんです」と言っていた。浴衣姿の、この娘は東京の娘だと言っても通用するほどの気品を持っていたので、意外な感じを受けた。

五月二十六日。

朝食後、巡査補の蕃人青年が蕃女の機織の実況を見せてくれることになった。山腹の半ばを横切って蕃女の家に行く途中、巡査補は「毒蛇がいますよ」と言ったが、私の眼に触れぬうちに、蛇は素早く姿を隠してしまった。これは恐ろしい毒蛇であったが、遂に台湾旅行中に実物はお目にかかる機会はなかった。蕃女の機織は極めて単純なものであった。それでも経緯がちゃんと整い織物になっている。しかしその原始的な織物も次第に内地の機械織に圧迫されつつある現状であった。

補遺　タンパク社駐在　藤沢文寿氏談

蕃社統治事務は非常に複雑多岐で、第一、治安を維持する為めの警察的事務

・蕃童教育のための教育員の仕事

・戸籍事務

・医者の仕事

・最近は水稲栽培を奨励しているので農業技手の仕事・蕃物交換所の計算

というわけで非常に多忙であると述懐していた。(商)店というものに遠く隔たっているから、金銭を使う機会がない。時折、内地人が新高に廻って来るので、来たら必要がなくても買ってやる。土地の海抜が高いので気候は年中清涼で、コタツの必要もなく蚊帳も要らないという。

帰航の船に乗ったのは(五月)三十日か、三十一日だったか記憶しないが、門司に着いたのは六月三日頃で…帰宅したのは六月六日だったと思う。かくて約四十日の旅を無事に終わり買物も予想以上の成績であった。

台湾旅行記を終るにあたって、書き漏らしていた一つを追加したい。それは大正十三年五月九日に、基隆から台北へ移動した翌日のことである。古家は、台北郵便局で留置郵便物扱いになっている故郷からの通信十通を受けとった。このなかには、「東谷僧正(法華山一条寺住職)の逝去を報じ

て来た」ものが入っていた。

「東谷僧正の死はあまりに痛々しい感じが（した。）今日この頃、他界されるとは思いもよらぬことであった。その後の経過（第二回目手術をした後の）が面白くないとは聞いていたが、未だまだお目にかかる時期があるやうに思っていた、僧正にはいろいろお尋ねしたい事などもあり、一日も余命の永からんことを期待していた。あゝ僧正の一生はあまりにも淋しく、あまりにも痛々しい」と書き、その前段では「今夜はどうしたものか、果てしなく物思いが続いて、どうしても眠れない。此の所謂、物思いというのは悲しみとか、悩みとかいうものではなく、また異郷の空の寂しさというようなものでもなかった。人生そのものに対する深い感激とでも言おうか、もっとつきつめて言えば人間生活から湧いてくる限りない愛の味読とでも言おうか、とにかく今夜のような感激に浸されたことは生活がともすれば表面的になり、上っ調子になり易い傾向にある近頃の私にとっては珍しい現象であった」と、反省を深めていた。

第三章　社会運動の開幕

本章の主題は、古家実三が本格的に社会運動の実践に乗り出すにいたった動機と経過をとりあげようとしている。しかし「古家日記」では、それが意識的系統的につづられているわけでなく日常雑記をも併記しているので、整理する必要に迫られる。そこで本章では古家実三の社会運動への開幕を、次のような段階に分けてのべることにする。

(1)　加西立憲青年会の結成と分解　大正二～四年（一九一三～一五年）

(2)　兵庫県青年党の結成　大正一二年（一九二三年）

(3)　サラリーマン・ユニオン、政治研究会神戸支部の結成　大正一四年（一九二五年）

この項目分類でもわかるように古家の社会運動への関与は、最初は兵庫県加西郡の議員選挙の公正を実現することに向けられたが、それが挫折すると次には県内を包括する青年党結成へ、普通選挙権獲得、青年団改革運動へと進展した。この間には八年間におよぶ中断、空白が横たわるが、それは白雲堂書店、同坂口支店の開設への苦闘があり、古家自身の朝鮮、中国東北部、台湾への視察があったことで説明されると思う。

研究者の間では、「一九二四年の『古家日記』が未発見であるため、彼がいつの時点で、どのように社会主義思想の影響を受けたのかはっきりとわからないが」（『日記研究』六号山本かえ子「古家実三にみる民衆への視線」八九頁）とされているが、筆者はそれを「古家日記」文中にたどることにしたい。

神戸に白雲堂書店をかまえて営業に意欲を燃やしつつあった時期に（それは社会運動の中断、空白期でもあった）古家は、「日記」大正一一（一九二二）年九月に「此の頃、真剣に勉強して見ようといふ考えが、益々深くなった。天文学、生物学、人類進化学から、一方は芸術に亘って出来得る限り研究して見たいと思っている」（九月一八日）とし、また「今の僕としては今後、自然科学の研究は大に必要だと考へ、一生懸命に努力するつもりでいる。同時に美術の趣味には徹底したいと思う」（九月二九日）とものべていた。まだ社会主義にも、

晩年の古家実三氏（1966年）

社会科学全般にも距離を置いていた。これが当時における古家の研究意識であった。

時代を二年後、大正一四（一九二五）年に移すと、同年六月二四日にサラリーマン・ユニオン結成、六月二八日には政治研究会神戸支部結成に参加した古家は、「すべての人が個人主義否利己主義と享楽気分とに生きようとしている時、是等の人々が真剣に働こうとしている気持はうれしい。

ブルジョア政治家や既成政党の旧人どもが金で戦はうとする時、プロレタリアの武器は只一つ知力あるのみ、科学的智識あるのみと絶叫する若人の雄々しい決心は誠に涙ぐましい気持さえする。そうだ、只一つの武器、知力その外に団結力のあることを忘れてはならない」（七月五日）と自分の思想的跳躍を明記している。

ここにはマルクス主義への接近の度合はなにも示されていないが、一書店主でありながら、自らを俸給生活者イコール勤労者階級の一員とする自覚を示し、進んで社会運動に加わろうとする気魄を膨らませ、世界観、人生観に新たな転換を進めつつあったことが読み取れる。本章では、この古

家実三の社会運動への思想的実践的な転換過程を追跡することをテーマにしている。

一　加西立憲青年会の結成と分解

1、加西立憲青年会の結成（大正二年三月）

古家実三が人生の最初に社会運動、政治問題に足を踏み入れたのは何時であったのか、さかのぼってみると大正二（一九一三）年三月二日、一通の召喚状を受けとったことに始まる。それは在田村三枝角太郎からであり、「時局問題に付同志と御懇談申上度義有之候に付、来る四日午后一時を期し北条町嵐亭に集会する事に相定申候間万障御差繰御出席相願度候。

顔触れは内橋一雄、志方清一郎、増田退介、岩本實吉、木畑大三郎の諸氏、貴兄と共に七名に御座候」とされていた。

「古家日記」によれば、この会合で「内橋君が話しの口開きをやって、三枝君が助言し主題の大要はわかった。予想していた通り、本郡をして模範選挙区たらしめんことを期するのであるが、会の命名に就いては協議の結果、加西立憲青年会と定めた」「趣意書の下書を作るにあたって、僕は先日社（やしろ）行の途中熟考して置いた要旨を認めて、之れを同志に諮った。皆々賛成はしたがあまり穏当過ぎて時局に対しては少し手緩い感があるからといって、協議の事項と余の案を折衷することにした。余の案とは左の如くである。

一　形式主義の弊を打破し、
一　大に精神教育の振興を図る。
一　郡内各部落の青年会の発展を期す。
一　各宗協会の後援をなし布教を盛んならしむ
一　郡民をして自治の精神を養成せしめ、憲政の本旨を了解せしめんことを力む。

以上

而して決議した主要な事項は左の如くである。
一　本会の会名を加西立憲青年会と称すること。
一　主義本領とする所の憲政擁護閥族打破、及び古家案を折衷して趣旨書を作る。而して余及び内橋君増田君を以て趣旨書及び覚書の起草委員とすること。来る七日増田君の宅に会して起草すること。
一　在田村の内藤浜太郎（正確には内藤浜治）君を会の主領に推薦す。委員三枝、志方の両君に交渉を依頼す
一　野添宗三氏（本県選出国民党現代議士）を聘《へい》して、近日に政談演説会を開催すること。
一　広田君は早速書を認めて野添氏に送ること。
一　神戸及び姫路の立憲青年党に気脈を通ずること
一　演説会を終りて直に会員募集に着手すること
一　会費は会員の拠金及び有志者の寄付を以て基本財産約五百円を造り、其利子を以て支弁すること
一　各町村に一名づつ幹事を置くこと
一　事務所を北条町内なる志方君の支店に置くこと」として散会した。

この会合で予定された「立憲青年会趣旨書」作成は、三月一〇日に「三枝君初め約十名が再度嵐亭に集合して検討された。内橋君起草案は激越で時勢かぶれの観があるので稍穏健な増田君の原稿と余の腹案とを折衷して僕が起草した。会則も我輩に起草を任せられて作って置いた。会名の改正に就いて問題が持ち上がったが、吾輩は原案維持説を主張した。遂に原案維持の事に決定した」としている。その趣旨書、綱領は記録されているのでここにあげておく。

「　加西立憲青年会趣旨書

閥族の横暴と選挙民の腐敗とは立憲の本義を没却して、遂に現今の如く国政を紊乱《ぶんらん》せしむるに至れり。而して政弊の極は、終に吾人をして止むを得ず決起せしむ。今や国民漸く覚醒して憲政擁護閥族打破の声は各地に起こるに至る。然れども時弊に慨する者、稍もすれば過激に流れ、却って大事を誤り恒久の操を欠くもの少なからず、故に吾人は須《すべか》らく冷静なる理性を以て活動の基礎を造り、正義を踏んで邦家の為に尽さむとす。

顧みるに憲法発布せられてより茲《ここ》に二十有余年、憲政の機関は既に備えありと雖も政治家の道心、日に堕落して弊害百出す、寔に憤慨に堪えざる所なり。吾等同志は各自の智徳を修養すると共に大に精神教育の振興に力めて道徳思想の普及を

図り、国民をして自活の精神を解せしめ立憲の本義を明らかにし政治家をして自覚せしめ、以て憲政の完美を期せむとし爰に趣意綱領を発表す。同志の士乞う　来り会せよ。

「　綱領

一、憲政の完美を期せんがために精神教育の振興を図らむことを期す

二、健全なる政治思想を普及して選挙界の覚醒を促し、以て模範選挙の実を天下に示さむことを期す

三、郡民をして自活の精神を了解せしめ、以て地方政治の刷新を計らんことを期す

大正二年三月

加西立憲青年会」

とされていた。

一読して明瞭なように当時、古家は明治憲法、天皇制国家機構の施策を金科玉条としており、それがブルジョア地主的政治家によって買収、汚職で歪められた現状を慨嘆し、とくに選挙の公正を実現することが急務であるとし、それを政治道徳、精神教育によって遂行しようとした。このために加西立憲青年会が各地で演説会、講演会を計画していた。このような青年会の企画は郡、村当局、警察機関からも賛同されるものと信じて疑わなかった。ところが同年三月二二日、「西谷警察署長が、本郡の如き小区域の土地で政社団体などの必要はない、又模範選挙の理想の如きは到底実行さるべきものでない（という理由で）、本会の解散を三枝氏に忠告したとの事であった」。警察署長は「忠告」という形で結成を禁止する実質的な弾圧を下したのである。

なおかつ古家らは、警察署長を訪問して会員の意見を吐露し、「意思の疎通を計ってはどうかというので同志六名、勢を揃えて押しかけて行った」という。この会談は署長と内橋、古家との論戦となったが、議会政治の腐敗堕落の現状認識においても、それを改革する選挙戦、政治活動の方途についても、古家らの主張が取締りを主とする警察官吏の同意を得られるはずはなく物別れに終った。しかし現実は、当局の内意による解散指示が効力を発揮して、加西立憲青年会はその後の活動を休止した。

2、大正倶楽部をめぐる動向

（大正二年九月）

北条町の街並み

加西立憲青年会が実質的に解消した後に、それを代替したのは大正倶楽部であった。「大正倶楽部」という建築物は北条町で大正二年前半期に完成していたが、これと同一の名称をもつ団体が存在したとしても、その組織的性格や運営主体などは不詳であった。だが九月五日には同倶楽部の例会があり、古家実三、志方清一郎、増田退介ら立憲青年会の中心人物が出席していた。「古家日記」には、この日の「主要な決議事項は左の通り」として次のように記している。

「一、特種部落開発講話は警察及び役所と協力して行う事

二、青年会発展に就いて郡長に協議すること

三、県会議員改選問題を解決する為め明後七日集会すること」。

これにしたがって九月七日午後五時から古家は、「志方君と橋本君我輩と三人で、郡長を訪問して意見を交換した」としているが、この場合も中心問題である第三議題は握りつぶされている。懸案であった県会議員改選問題というのは、「日記」によれば「最初の選挙の時に西村重義君と柏木穎治君とが候補者に立った。委員が調停の結果、二年間づつ双方を出す事にして柏木君を先に出した。で、本年は交代の期である。所が柏木は最初の契約に違背して辞職を肯《がえ》んぜない。西村はあくまでも約束を履行させようとする。問題は即ち是だ。本日委員が集会して之が解決を協議しつつあるのだ。我党は即ち政治道徳を尊重し、郡内の円満を図るといふ二つの目的から柏木の所置を不穏当として反対しようとするのである。（中略）我党は書面を以て先ず双方に意見を質した。結局は委

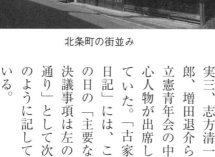

員会に於て我党の目的通りの決議になってしまった。先ず目前の問題は片付いた」としている。

「日記」九月一五、六日は、例月の講話会で、古家が「立憲政治、自治制に就いて講話し、国民に政治思想の必要あること、青年に活気と勉学の必要なること等について約四十分ばかりの談話を」し、帰宅後は午前二時頃まで眠れなかったという。それは「大正倶楽部が漸く世人の注意を惹くやうになった事や、県会議員の柏木君が恐れて縮み上がってしまっていることや、西村重義君が感謝状を寄せて文句の中に嬉し涙が流れると書いて居った事」などを思い浮かべていたという。

さらに大正倶楽部では「来る（九月）十八日の倶楽部集会に左記事項を協議する」との予定があった。その議題は、

「一　議会開会前横田代議士を本部に召喚し政見を質す事

一　対支同志協会に意見を質す事

一　大正倶楽部員拡張の件

一　対文の態度を確定するの件

一　航路補助問題の研究

一　男子姦通処罰に関する法律の件

一　国防問題に関する件

一　消防組合調査の件

一　免囚保護及び特種部落啓発を各宗協会に委託する件」

であった。ところが当日は「部員全部集合、内藤浜治君（代議士）初めて出席せられた。我等提出の問題は概ね宿題となってしまった。男子姦通処罰ニ関スル法律案ノ件に就いて大討論をやった。増田君から柏木県会議員進退ニ関シテ詳細報告があった」と記されていたが、詳細は不明であった。

その後に大正倶楽部総会が開かれたのは同年一二月一〇日であり、すでに倶楽部内には増田、三枝の関係に不和が生じ、橋本は退会した。古家も近郷への行商と農事精励に追われて越年し、総会は流会になった。この総会が再開されたのは大正三年二月二〇日に延び、議題にも変更があり、加西郡に技芸高等女学校を開設することの可否が盛んに討論された。村政の問題でも、臨時村民総会が招集されて砂防工事、墓地の拡張が協議され（二

月二五日）、墓地拡張委員四名が新設されて、古家は最高点で選挙された。

この頃から大正倶楽部の活動は沈滞して、最後に協議会が開催されたのは大正四年一月二二日、出席者は増田、三枝、高見、内藤、志方、古家だった。この協議会は「云うまでもなく来る三月廿五日の衆議院議員選挙に対する本会の態度を決するのが主な議題であった。（この会議で議論は百出したが）余の意見を略容れて、左記決議案を作って各新聞紙に掲載し、別に印刷物を郡内に配布することにした」という。決議文起草者は古家であり、それには「大正倶楽部協議会決議書」として、

「本倶楽部は一月二十二日協議会を開き、来る衆議院議員改選に際し、選挙界の宿弊を一掃し、立憲政治の理想を達せしめんが為に左の事項を決議す。

一、吾人は識見、人格倶に理想に近き人物を得るに非ざれば候補者として推薦せず

二、嘗て破廉恥罪を犯せる所謂涜職議員の立候補には絶対に反対す

大正四年一月二十二日

加西郡大正倶楽部」と声明した。

この問題について「古家日記」三月一一日は、涜職議員とは西村重義であることを明らかにして、識見、人格の優秀な候補者の現れることを期待したが、選挙告示日が刻々と切迫しても該当する人物は現れなかった。この事態に古家は焦慮し、三月一七日「日記」には古家の印象深い心境が記されている。

「現代の社会に腐真面目な愛国心を今の政治家には見出しにくい。若し現代の腐敗した人間の標本を求めるとしたら大多数が腐敗して居るといふのはほんとうかも知れぬ。（中略）あながち現代の社会ばかりが腐敗して居るわけではないかも知れぬ。けれども維新前后の志士の抱いていたやうな志に比べるならば、遺憾ながら腐敗した政治家には、先ず代議士を屈するに躊躇せぬ。（中略）人格、識見の優れた人物は依然として出て来ない。同志会だの政友会だの、腐敗党の豆ころばかりである。悲しいかな、理想的の候補者は一人として現れない」とし、「稲岡氏と三宅村長とに相談して、事に依ったら（自分が）一旗挙げて見ようか

と決心した」と、自ら立候補する決意をのべていた。これにたいして稲岡氏から、「君もう晩い」「よい考へではあるが悲しいかな、時機を失して居るから、見合わせる方がいいと思う」（と説かれた）。御尤もの話だ、俺だってそう思って居たのだから」と、同氏の説得を自認している。

その後三月二四日には、「桜井藤太郎君が選挙問題について態々尋ねて来た。横田（政友会代議士）の為に援助を与えてくれとの交渉であったが、おれは堅く御断り申した」としている。従来からの古家の世界観、人生観をもってすればブルジョア地主政党のお先棒をかつぐのを潔しとせず、純粋に閥族打破、憲政擁護の大衆運動へ、同志の結集を構想していたと推定するのが自然であった。

本章第一節「加西立憲青年会の結成と分解」は、これで終結することになるが、ここまでの歴史的な背景については説明不足の感があるので、注釈を付記する。

というのは加西立憲青年会の結成「趣旨書」には「憲政擁護、閥族打破の声は各地に起こる」という問題意識をのべているが、その背景には全国的な第一次護憲運動の高揚があった。当時、明治憲法体制では衆議院よりも貴族院を上位にし、大正時代に入っても薩長出身の官僚政治家の、いわゆる元老政治の下で内閣が構成され、元老と結託した軍閥、特権官僚が内閣をたらいまわししてい

日本で最初の本格的政党、立憲政友会（略称政友会）本部

た。近代的な立憲政党の進出も抑制されていた。これを「閥族」と表現して批判し、政党による議会政治を進捗すべきであるとする護憲運動、憲政擁護運動が著名なジャーナリスト（長谷川如是閑ら）の支持をうけて高まった。大正二（一九一三）年には国民大会が開かれるまでになり、山本権兵衛（海軍）内閣はシーメンス事件（汚職）追及とあいまって退陣させられた。

この前年には美濃部達吉博士の「天皇機関説」が発表され、大正五年には吉野作造が「民本主義」を提唱した。「吉野のいう『民本主義』とはデモクラシーの訳語であるが、『民主主義』とは一応区別して、主権の所在を問うことはしばらくおき、主権の運用にあたって、主権者は一般民衆の利福と意向を尊重せよとして、その制度的保障をもとめるものであった。だから、はじめから天皇制との対決をさけた妥協的な性格のものであったが、それだけに現実的に可能な改良の途を指示していた」（遠山茂樹、今井清一、藤原彰『昭和史』岩波新書）といわれた。

こういう紆余曲折の過程にあって、古家が加西郡で憲政擁護、閥族打破の目標を掲げたことは有意義であった。しかしそれをただ「精神教育の振興」によって、あるいは旧選挙法下の選挙運動で既成政党が買収を横行する不法にたいして、政治道徳、模範選挙を高唱するだけでは無力であった。中央政界では護憲運動といっても、既成政党は元老政治と正面から対決することをさけ、妥協的な自派に有利に取引する小手先を弄していた。護憲三派の主張する普通選挙権の実施は、「社会革命をさける安全弁」とするに過ぎなかった。

加西郡では当時、政党の力関係は伝統的に民党が強力であり、政友会は政友本党の分立を期に勢力拡張に意気ごみ、国民党は尾崎行雄を現地に招くなどで活発化していた。この間にあって立憲青年会、大正倶楽部は、既成政党各派の働きかけをうけて政党系列化への動きが進行した。すでに大正二年県議選でも二年交代説をめぐって紛糾し、志方は国民党に入ったと噂された。とくに三枝は横田代議士（政友会）の「提灯持ち」と流布され、「或る新聞記者は三枝君を目して、加西郡の賄賂取りの名人だとの事だ」というのを聞いて、古家は「こんな恐ろしい裏面があるとは、今更ながら驚かずにいられない」と慨嘆した。

古家実三の社会運動はここで、いったん中絶する。そして長期間の空白期が続くことになる。その期間にも社会的経済的情勢は激変し、加西郡では大正三（一九一四）年に米価が低落して、一石当り二〇円台から一〇円台になり、政府が緊急対策を講じるほどであった。しかし、この年に第一次大戦が勃発すると農産物価は暴騰し、米価は三倍以上に値上りした。工場労働者数は農村の余剰労働力を吸収して、大正八（一九一九）年、全国的に二八〇万に増加した（約百万人増）。好景気で「百姓成金」という流行語が通用した。ところが大戦が終結すると、大正八年末に米価は一石当り五〇円から二六円三〇銭に暴落し、出稼ぎに出ていた農村労働者は失業が急増し、産業予備軍として帰村する不況に見舞われた。

このような状況変転に農村社会がきびしく対決を迫られるのは、大正一〇（一九二一）年であった。兵庫県で発生した地主、小作人間の争議件数は大正九年六七件が、翌年には四一五件（全国第一位）に激増し、その三割近くが東播であった。小作人組合は大正一〇年に五組合（九四一名）、一一年には一二組合（一〇二二名）、加西郡では九会村が先駆的であった。

「古家日記」にも大正一一年には、「生活難の圧迫からのがれやうとして村を見捨て、農をやめて都会へ、都会へと押しかけ、村は日一日と荒んでゆくやうな傾向が特に著しいやうである。淋しい頼りない心持がしてならない。やっとの事で大正十年度の小作米問題が解決し、自分達の帰村を待って居った人達は昨日今日にかけて米俵を運んで来た」（四月一八日）という。また古家は「今日、此の村の田畑宅地、山林の所有高を調べて見るに、無財産の多い

米騒動によって焼き払われた鈴木商店本店

のにはあきれる。地所を一坪も所有しないもの十一名、屋敷を持たないもの、田を持たないもの何れも二十余名」（八月一六日）と記載している。土地を喪失して小作に転落し、行商・副業への賃労働に依存する形態でプロレタリア化の傾向を促進した。都市と農村を問わず、情勢は刻々として社会運動の新しい波を作り出していた。

大正一〇（一九二一）年には多可郡西脇町で地方政治新聞『新播磨』（月二回刊）が創刊され、紙面には「先ず小作人組合を起こせ」（九号）、「労働婦人の解放」（一〇号）、「普選案と民衆運動」（三二号）、「水平社運動を何と見る」（三六号）、「健在なりや農村青年諸君」（四〇号）、などの論説が掲載された。民衆運動は前進を続けて、古家の再スタートを促しているかのようであった。

二　兵庫県青年党結成

古家実三が兵庫県青年党の結成に参画して、社会運動に再スタートを切るのは大正一二年二月一七日（立党式）であるが、それに到るまでの中絶期、八年間には家庭上の苦悩に満ちた変動を経なければならなかった。その一つは結婚問題であり、加東郡の伯母が斡旋する候補者と友人、弟真一らが推薦する女性のどちらに決めるかで古家は煩悶していた。結局は古家本人の義理を重んじる性格にしたがって前者との結婚を決めて、大正四年五月に式を挙げた。

しかし夫婦関係は調和安定せず、親族間の協議を受けて離婚が決まるのは大正五年であった。その後に間もなく再婚説がもちあがり、いくらかの難航はあったが内橋美雪との再婚が成立したのは大正六年であった。当時約六年に及ぶ奈良市での生活を閉じて、白雲堂書店（神戸市）に移り、加西郡と往き来する日常生活が定着したのは大正一一年であった。

もう一つの家庭問題は、弟真一の職業確立に係っていた。真一は小学校卒業後、東京・神田の古書店員として経験を積んでいたが、独立するにいたらず転職を希望し、南米への移民に意欲を燃やしていたので書店の権利を真一に譲り、自らが故郷に新生活を開拓する決意をかためた。と言っても古書収集、それと結合する山岳探勝の魅力から離れ難かった。これがちょうど青年党結成への始動時に重なっていた。

本題に移ると、「古家日記」大正一一（一九二二）年一一月二三日、唐突に次のような記事が現れる。「午後一時から永井柳太郎氏の演説を聴きに行った。卓見といふ程の説でもないが、よく饒舌にしゃべった。若々しい風采で未だ青年の範囲に在る男だ。あの年であれだけやれれば結構。会場で丹治剛太郎君に会った。神戸新聞社に和田天華氏を訪い、擬国会議員の住所を調べ、丹治君と協議の結果、新人会の趣意書草案を作って各議員に送るといふ打ち合わせをして別れた」とあり、翌日には古家が新人会趣意書を書いて、丹治に送っている。

大阪朝日新聞記者であった丹治剛太郎は、後に青年党の代表者たる人物であり、「古家日記」に登場するのはこれが最初であり、どういう出会いがあったのかはわからない。あるいは、ここに上げられている神戸新聞主催「模擬国会」の討論が、両者回合の契機であったかも知れない。その場で「新人会」なる団体を結成する協議をし、古家が趣意書を起草している。周知のように「新人会」とは、東京帝国大学内に設けられていた学生団体であり、機関誌「社会思想」は広く読まれていた。それに倣った研究機関を企画したかもしれなかたが、立ち消えになったようである。

晩年、自宅縁側で、右はみゆき夫人

翌大正一二年二月一六日「日記」には、「神戸新聞社楼上に於て兵庫県青年党創立大会の準備として創立委員会が開かれるから、是非来てくれと丹治君の話だったので、昼食後出かけて行った。／明日は愈々《いよいよ》尾崎行雄氏の来援を待って政談演説会を開き、兼ねて青年党の立党式を挙げるといふ段取りになった。若い男の尻馬に乗って遊戯的な政治道楽はしたくないが、現代の腐敗した政界に少しでも清新な空気を注入し得れば幸いである」という。この発言には、側面から支援する立場をとっているように見える。古家は三四歳になっていた。

憲政会最高幹部、左から尾崎行雄・加藤孝明・浜口雄幸

立党式当日に古家は、「…青年党の会計を引き受けさせられて一寸迷惑する。大急ぎで会場の準備にかかる。そのうち追々客がつめかける。丹治君と交代に切符売りもやる。立党式が終って、早速党員の演説会に移る。后、尾崎氏の演説、入場者一千百三十九名外若干名無料入場者もあるから約千二百位。／后、明海ビルディングの八階に懇談会を開いて尾崎氏と意見の交換をする。…十時十分の列車で尾崎氏を見送る」としている。

「古家日記」には記載されていないが、これに関連する別資料（本節末尾注）によれば次のような事実が補足されている。それは「…神戸で兵庫県青年党が結成されたのは一九二三年二月一七日でした。結成集会の模様は不明ですが、会場八千代座には神戸市内、揖保郡、但馬各郡、加西郡、多可郡からも祝電がよせられ、会費納入記録によれば三六名、都市部で神戸八、明石四、姫路二、尼崎五、郡部で東播六、西播八、津名一、武庫一、岡山県一名が挙げられ、東播関係では多可郡中町・

真鍋又治郎（立憲青年党幹事）や加西郡下里村坂本・古家実三（神戸在住）が記名していました。／兵庫県青年党は「宣言」で、青年運動のエネルギーを結集して「既成政党の腐敗と堕落」を改革すること、「政綱」で「普通選挙の即行と女子参政権の断行」「国民生活の安定」をかかげました。党本部は神戸市永沢町二丁目六番地に置き、代表者は丹治剛太郎（朝日新聞記者）でしたが、執行体制は定かでなく、実体は地方ごとの運動の域を出なかったと見られます」。

折から大正十二年九月県議選で青年党は、「選挙権資格が地方選挙では納税額制限が撤廃されて（大正十年）、有権者が倍増した条件に力を得て旧勢力に対抗し、青年党候補者を擁立して顕著な得票増に自信を得ていました。しかし各地青年党の指導層には充分な政治的経験がなく、進路についても「理論と方針を欠落」し「構成員の多くが政友派のメンバーとして吸収され」る限界をもっていました」。

古家は加西郡で、大正一二年七月に「理想選挙期成同盟会」を提唱していたが、九月県議選で「（郡内）有力者たちが談合によって候補者一本化を画策したのに対して、青年党から増田退介を候補者に擁立してたたかいました。「理想選挙情弊打破等選挙民覚醒の声は各町村到る処で唱えられ」と報道され（「神戸新聞」九月二三日）、古家も言論戦に加わりました。／翌大正一三年二月、古家は加西郡青年党結成に参加し、決議した「加西郡青年団の改造」に着手し、加西郡長兼郡連合青年団長にたいして自主的な青年団の運営、人事を要求しました。官製の連合青年団長が頭からこれを拒否したことを、「神戸又新日報」「神戸新聞」「大阪朝日新聞」が古家らに好意的に報道したのに支援を得て、運動を続けました。／大正一四年八月に古家は無署名で「農村の青年諸君よ」のアピールを発表し、全国「数万の青年団を徹底的に改造せしめ、（中略）青年自身の力によって都市なり府県なりの連合青年団を造り、そして社会の進歩の原動力と」なろう、「先ず自己の属する部落、村及び郡の青年と協力して青年団の改造を実行」しようと呼びかけました」と、されていた。

「古家日記」にもどって青年党の軌跡を追うと、

大正一四年一月一一日に新年宴会を開いている。

　その日、古家は「…とりあえず甲陽園に行って見た。温泉には丹治君と森君とが待ち受けていた。程経て宮崎数馬君、南景敏君、経島崇君等来り会した。さて甲陽園では一人前一円位な宴会に応じてくれるものは一つもないので、百姓家に行って此の肉を炊くのだと言って丹治君は牛肉一貫目ほど携帯して来ている。結局どこへ連れて行くのかと思ったら、丹治の生家に連れて行って肉のすき焼きで簡単な宴会を催して、党の今後の方針など協議した。／各地方に代表委員を設けること、神戸その外の代表委員を推薦で決め、丹治を以て委員長とする事等決定」としている。

木津氏の著わした
「東播地方農民運動史」

　しかし考えさせられるのは翌一二日夜、「青年会館に於て思想研究会を開いた。集まるもの山口（一郎）、藤田（鶴夫）、三沢（三蔵）、岡成志、岸本（邦巳）、僕の七名、それに仰々しくも相生橋署の高等特務や県警察部特別高等科視察専務佐藤敏比氏、神戸憲兵分隊池畑憲兵伍長等三人臨席、米国海軍大演習問題、新嘉坡路海軍根拠地問題、軍事教育問題等々に就いて意見を交換し、猶ほ来月は小学校教科書について研究しようといふことを申し合わせて散会した」としている。ここに上げられた思想研究会は、後に政治研究会（政研）神戸支部が結成されると恒常化された施設であるので、この頃すでに中核分子はこれに結集し先行していたとうかがえる。つまり古家は一方で青年党、他方で政研へも社会運動の視野を広げていたと判断される。

　しかし青年党の運営は次第に停滞し、大正一四年六月一四日に古家は、「午後丹治剛太郎来訪、青年党を解散するか、大改革を行うか、二つに一つを択ばなければと、丹治の決心を促した。とりあえず一度青年党大会を開いて決定したい。しかし今は農繁期でもあるから時機を見て開催することに大体の意見をまとめた」としているが、事実上この時をもって青年党は解消する方向へ舵を切ったように推定される。

［註］「古家日記」に関連する別資料としたのは拙著『東播地方農民運動史』（二〇〇九年、耕文社、一七五～七頁）であり、その出典は安達正明「地方における大正デモクラシーの成立とその変貌」の一部に依拠した。

三　サラリーマン・ユニオン及び政治研究会神戸支部の活動

1、一九二五（大正一四）年の社会情勢

古家実三が無産階級の立場に立って社会運動を開始したのは、大正一四（一九二五）年六月に始まる。それはサラリーマン・ユニオンと政治研究会神戸支部の結成と時を同じくしており、古家の思想的転換を画していた。このことを理解するのには、少なくとも青年党時代からの新しい情勢の展開、社会運動の進展を一瞥して、古家がそれにどのように対応したかを検証する必要を感じるが、「古家日記」にはそれが記されていない。しかも「古家日記」大正一五年・昭和元年分は欠損しているのである。こういう事情のために「日記」抄訳者としては、若干の注釈をここにさし挟みたいのであるが、説明的な長文はさけて箇条書きにし、そのために舌足らずになる欠点は大方のご賢察、大目に見ていただくようにお願いしたい。

普通選挙法と治安維持法の成立

（一九二五年三月）

時代は護憲三派の共同が破綻して憲政会内閣となり、政府は普通選挙法を「社会運動の安全弁とする」思惑を秘めて議会を通過させ、公布した。しかしこれによって従来は普通選挙に消極的であった一部の労働組合（総同盟関東同盟など）も選挙に参加する方針に転じ、議会闘争の積極化を目指し、無産政党を結成する姿勢を強めた。

同時に政府は治安維持法、治安立法の強化を普通選挙法と抱き合わせにして弾圧法規・体制を万

全にしようとし、法令を格段に整備して主権在君と私有財産権を厳格に確定し、この時から目的遂行罪への追及を含んでいた。

無産政党の結成をめぐる準備活動（一九二五〜七年）

ある小作農民の組合結成大会の模様

第一次大戦後の不況は「全国の失業者数が大正一四年春には二五〇万人にも達する」といわれ、賃下げ、操業短縮、産業合理化を強行した。労働総同盟は依然として職業別組合主義、労使協調を維持したが、評議会は産業別労働組合への再編成、産業別統一闘争と地域では工代会議（工場代表者会議）による共同闘争を発展させ、一時期は組合員数三万名以上となって総同盟を越えた。勤労者の中にはサラリーマン、職業婦人の進出、官・私立の大学、専門学校の拡張によって知識層及び技術労働者の階層が増大した。「二五年労働総同盟がサラリーマン・ユニオンの加盟を認めることを決議し、各地に俸給生活者組合が起こった」（前掲『昭和史』二六頁）とされている。

もう一つの新現象は、兵庫県に中間派労働組合のナショナルセンターが形成されたことであり（組合同盟など）、それが労働組合運動でも、無産政党組織運動でも複雑な分裂主義的方針をすすめた。

日本農民組合（日農）は第四回大会後に、「無産政党組織準備委員会」の名で一九二五年六月二一日、「一千名以上の会員をもつ労働組合、農民組合、無産団体にたいして無産政党組織の準備に関する提唱を行った」。無産政党組織運動が労働組合によって主導されず、農民組合によって促進された背景には、労働戦線の分裂が指導性を発揮できなくしていた影響があり、他面では地主的搾取とそれを黙許する小作調停法、さらに小作地への立ち入り禁止を強行する司法権力にたいする農民組合の政治要求が切迫していた。右記の日農提案にたいして総同盟、評議会、官業労働総同盟、労働組合連合会、製陶労働組合、日農、中部日本農民組合などの有力な団体が賛同した。

さらに政治研究会、水平社、水平社青年同盟が賛同し、評議会も政治研究会、水平社青年同盟に同調した。日農は終始、「農民と労働者を打って一丸としたる政治上の共同戦線、全国的単一無産政党組織」を促進する主張を堅持した。

大衆運動、政治戦線の分裂経過（一九二六年）

全国的な単一無産政党の結成は、一九二五年一二月に農民労働党として産声を上げたが、政府によって即日解散させられた。その構成団体が再結集して労働農民党（労農党）を創立したのは翌二六年三月五日であった。

その第一回中央執行委員会（三月五日）では、総同盟の主張で「左翼団体排除」が強行された。第二回中央執行委員会（四月一九日）では、総同盟の主張を退けて日農、中間派の賛成による一票差で「左翼四団体を機械的に排除するものではない」とする決議が採択され、第三回中央執行委員会（七月二七日）では総同盟が再び党の門戸を制限することに巻き返し、左翼三団体（評議会、政治研究会、無産青年同盟）の排除が確定された。

日農拡大中央委員会（一〇月二〇日）は地主の反動攻勢とたたかい、小作地への立入禁止反対、耕作権確立などの要求で「議会解散請願運動」の全国統一行動を前進させるために労農党の門戸を開放して戦線を拡大することを決議し、これを労農党第四回中央執行委員会に提案すると決定した。総同盟はこれを理由にして労農党を脱退し、官業労働組合とともに社会民衆党（社民党）を結成した。

もう一つの大きな分裂要因は、中間派社会民主主義勢力の動向であった。『兵庫県労働運動史』（二四三頁）によれば、一九二六年一二月労働農民党第一回大会を前にして総同盟内で新党組織促進協議会（一一月二〇日）が開かれ、結党式終了後は直ちに支部組織に着手することを指令していた。

「この時、『突如として』総同盟内の中間派幹部（中略）」…および兵庫県連合会の一部は日本農民組合の一部とともに新中間政党・日本労農党結成に乗り出した」「かれらは労働農民党の分裂必至と見られた時から、評議会系とは別個に東播、尼崎などの地域で労働農民党支部の結成に乗り出し、新たな事態に対処する態勢を整えていた。／したがって党の分裂に直面するや、日農東播連合会の河合義一、吉田賢一などから、さらに阪神在住の阪本勝（関学講師）、河野密（同志社大講師）らも加え、労働農民党、社民党とは別個に新党組織を画策、兵庫県はあたかも全運動（分裂）の策源地の観を呈した」としている。これには同項目の小見出しにも、「日労党の策源地兵庫県」として分裂策動にはたした役割の異常さを強調していた。このように重要かつ急変する情勢の中で、古家がどのように対処し得たかを本節で見ることにする。

2、白雲堂書店、下里村青年会の変遷

さて、ここからは「古家日記」本文に返ることにするが、まず書店経営に変化を生じたことを挙げなければならない。時期は少し先へ大正一四年九月に跳ぶが、古家は「生田町極楽町前の平田といふ米屋を訪問して、坂口通り（五丁目）の新築洋館を借り入れる交渉をした。結局七拾五円の家賃を七拾三円とし、三ヶ月の敷金を二ヶ月分として借り入れる事に決定した」「本屋が申込をするのが多いと聞いて美雪は移転に一も二もなく賛成した」。翌日夜に家族全員、菅先生（関学教授）とともに当該店舗を検分した。「みんな其構造の完美と大（き）さに驚き、羨むこと限りなし。此の日朝、家主平田が来て、この間中交渉中だった某書店から電話が懸かって何とか借りたいといふから、既に昨日決定して手付金五拾円受け取ったと話すと、先方は手付金倍返しの損害は自分の方で引受てもよいが、譲り受けるわけにはいくまいかと、念を押しての頼みに、念の為にご都合を伺いに参りましたといふ。こうなって見ると益々借りておいてよかった」と、転居準備を進めた。

一〇月一五日開店、「第一日の成績は相当によろしく、来店客の数は随分多数に達した」。一〇月一七日「店の看板完成」「店は相変わらずよう売れ

る」と満足していた。

もう一つの変化は、この年、古家が新しく大学教授、ジャーナリスト、有名無名の実践活動家との交流の場を広げたことであり、それは白雲堂書店のネットワーク発展でもあった。大学教授では関西学院が近いことが幸いして森戸辰男、松沢兼人、田村市郎、河上丈太郎、阪本勝その他があり、山川均・菊枝、大山郁夫にも接した。水平社同人では木村京太郎、社会運動の関係では岡成志、青柿善一郎、福森陽三郎、田中松次郎、奥田宗太郎、久留弘三、吉田栄吉、白井明（間庭末吉）、於保泰三らがいたが、とくに親密であったのは岸本邦巳、藤田鶴雄、三沢三蔵、三宅右市であり、書籍売買には彼らがしたい考へで略々成案も出来た」としていることである。実際には八月二一日から九月五日まで坂本村に滞在して林間学校、夜学会、法華山・地蔵院の古文書虫干しなどをやりながら青年会の部員制度、文庫設置、満月会復活に着手し、その議決に努力した。九月五日夜、下里村青年会幹部会が開かれて三七、八名出席、「（青年会）内容改造問題は大部分通過した。擬国会開催の件も賛成者多数」としている。

彼は「（討論）中に前田昇次君（加古川誠和会幹事）はちょっと異彩を放つ意見を吐いた。…（県主催青年講習会の軍国主義的色彩の教育受講に反対の）余の意見に、前田君は有力なる支持者となって、この案は遂に否決された」としている。またこの時期に、「古家は無署名で『農村の青年諸君よ』のアピールを発表し」たとする説があるが、内容はつかめていなかった。これに該当すると思われるメモが上記手帳（大正一四年）に発見されたのを読むと、個人意見としてのべられているので摘出しておく。その結論部分で、古家は次のようにのべている。

「今や全国に青年団と称する団体は数万に達している。けれども悲しいかな、ほんとうに生命ある青年団は絶無といってもよい。全国の青年諸君よ。青年の使命を自覚せる諸君よ。社会的な創造欲に燃えている青年諸君よ、諸君の部落に、村に、生きた青年団を作る事に努力せよ。吾々の祖先のように何事も運命とあきらめて酔生夢死に甘んじているべき時代ではない。諸君の部落に、諸君に村に、真に意義あり生命のある青年団を作ることに努力せよ」とした。

同時期に執筆した原案「坂本青年会々則」では、「第二条　本会は会員各自の人格を向上せしめ、経済生活を改善し、進んで社会進化の原動力たらんとするを以て目的とす」るとし、第四条では会内に会計部、教育部、研究部、事業及び運動部、政治部を組織することを定めている、重要な会則であった。

3、サラリーマン・ユニオンの結成

本節はずいぶん長い横路を通ってきたが、いよいよ本論に入ることにする。

「日記」は大正一四年六月二四日、何の前触れもなくサラリーマンユニオン（略称ＳＭＵ）の発会式を告げている。しかも簡潔に「司会者古家実三、議長吉田栄吉、経過報告藤田鶴夫、綱領・宣言朗読及解説岸本邦巳、会則説明及議決係三宅右市、祝辞演説青柿、福森、行政長蔵外数名、出席者合計五、六十名、美雪、たつの、藤田夫人も出席」とだけ記している。これが日本で最初のサラリーマン労働組合の誕生であった。

一ヵ月後の七月二四日はＳＭＵの定例宣伝日であって、古家は朝は平野、夕は兵庫駅に立っている。「吉田君と阪急終点へ…俸給生活者問題演説会の宣伝ビラを撒きに行く。二人で約七百枚をまき、帰って吉田君と…二時間半も話し合った。吉田君は社会問題の原理とその運動に就いて可なりしっかりした知識と経験を持って居る」「昼食後、本部に集まり、午後一時から三宮元町付近を根拠として七、八百枚の宣伝ビラをまいた。三宮の店で二時間余り休息中にも、吉田君といろいろの問題に亘って語り合った。動揺しかけていた僕の思想が再び進路を見出したように思ふ。／今一つ足場を固めたなら奮然として猛進するに至るかもしれない。日和見主義から脱して、敢然と定まった方向に強い足どりで進まなければ嘘である」と決意をのべていた。

翌日には、「午後七時半から青年会館小講堂でサラリーマンユニオン創立記念講演会開催、僕が司会する。講演順序は三宅右市君を以て始まる。次いで藤田鶴夫君講演し、入口に於いて警察官が武

器携帯を取り調べたことを非難するや、多数の聴衆は大に共鳴し、そうだ、そうだと叫ぶ者あり、三沢君は『誰がそれを命じたのか』とやじって検束された。岸本君も中止を食い、次に八田舟三氏（広島県労働学校主事）もわずか三分間で中止の厄に遭い、次に朝鮮水災援助に就いて鄭順啓君趣意書を朗読し、今吉一雄君邦訳、青柿善一郎君と田村市郎氏は中止の厄を免れたが、松沢兼人氏は中止されて十一時散会」した。当時は演説会が宣伝戦であり、政治的自由獲得の最前線であった。

八月一五日夜は、青年会（館）にてSMU第一回茶話会を催したが、集まったのは僅かに岸本、藤田、古家、千家、早川、坂田、他一名と評議会の白井君、森口、河森両君、八田舟三君、東京の野坂氏の数名に過ぎなかった。倍加運動の方法等を協議して十一時ころ別れた。

［註］　野坂とあるのは野坂参三氏である。「神戸は夫人の出身なので来神の序でに、同志に誘われて来会されたらしい」とある。

大阪労働学校主事、関西学院大学教授の松沢兼人

この当時のサラリーマンユニオンの運動方針（八月一五日の議題を中心として）

一　共済組合の組織を研究すること
一　組合員倍化運動として『改造』『マルクス主義』『社会学会雑誌』河上肇『社会問題研究』の読者名簿を通じて勧誘状を発送すること
一　政治研究会会員中のサラリーマンに対する宣伝
一　合同労働組合員に対する宣伝
一　各会社、銀行への案内状
一　ストライキのあった場合にはSMUが中心と

なって闘争すること。労働組合の有力な会社等に重点を置いて宣伝すること。

を補足している。

九月八日夜「SMU第二回懇談会」に出席。出席者は第一回より多く合計拾六名、三沢三蔵、三宅右市、岸本邦巳、古家実三、藤田鶴夫、岡成志、同喜久子、富可誠、坂田三郎、小川武夫、山本秀雄、吉田栄吉、植山義光（市役所営繕課）、千賀博（生田神社前洋服商）、小坂安造（藤田店勤務）、山川均等。（議題として）

一　三宅君SMU経過報告

一　無産政党準備委員会参加の件（十月上旬会合の筈）

一　失業問題に関する件（二十日の示威運動に参加十月を臨時宣伝デーとすること、SMU加盟案内書起草委員岸本の原案朗読、委員付託—古家、「岸本、藤田、山本、岡」とし、さらに緊急動議があって「会旗の事」を協議している。

その後に一一月二九日には東京・協調会館で全国俸給生活者組合協議会が開かれて、関東無産俸給生活者組合、大阪非筋肉労働者組合、神戸からは神戸一般労働組合SM班（山本秀）と神戸サラリーマンユニオン（三宅右市）が参加した。この会議で、SMUを全国組織とすること、同協議会規約の決定、加盟組合の連絡及び運動方法を協議して役員を選挙した。

次に第二回総会は大正一五年五月二日、神戸青年会館で開かれた。各地代表の報告によれば、東京では会は一二支部一三〇名だが会費納入不良。失業問題に力を入れて退職手当を認めさせる先進例を上げたという。大阪でも争議に成果を上げた例を報告し、組織を地域別とするか産業別とするかを研究中とのべた。神戸は奥田宗太郎が立って、商店員、運転手組織の実情をのべて、組織は産業別としサラリーマンの組織化を重視しているとした。議案では俸給生活者の失業対策、協議会を連合会とすること、名称は「日本俸給生活者組合連盟」とし、組合総連合に加入することの是非、労働農民党支持、組合規約案が審議された。役員選出は委員長を東京とし、中央委員十六名を地方ごとに選出するとして閉会した。

翌一九二六年三月二五日には機関誌「神戸SMU月報」No.4が発行されたのをみると、表紙に「我等のスローガン」として週休制度の確立、賞与手当の本給繰込、宿直残業手当の確立、解雇退職手当の制定、定期昇給制度の確立、八時間勤務の確立をかかげていた。また本部委員長三宅右市が辞任して、古家実三がこの時に委員長に決定した。

4、政治研究会神戸支部、「葺合班」の組織活動

「日記」によると、サラリーマンユニオン発会式があった二日後、「(大正十四年) 六月二十八日午後、政治研究会神戸支部発会式。三宅右市君発起人物代として挨拶、三宅君の推薦にて川上丈太郎氏議長席につく。松沢教授経過報告、祝電披露山川均・菊枝、高山義三、祝辞演説　京都支部松野定夫、大阪支部大崎春房 (正確には大橋治房)、海員刷新会田中松次郎、ドンゴロス社藤田鶴夫、労働文化協会奥平広一、サラリーマンユニオン岸本邦巳、評議会代表木村錠吉、思想研究会古家実三、本部代表大山郁夫、水平社青年連盟木村 (京太郎)。宣言説明熊義一夫、会則協議久留弘三。夜演説会、(弁士) 青柿、大山、奥むめを、岡成志、久留、高山、松沢等」としている。三宅右市がここに初登場し、SMUと政治研究会 (政研) を兼ねた活動家が多く、両団体を股にかけた活動が激務を思わせた。

七月一六日には政研葺合班の組織について、西連寺で協議会を開き、七月一八日夜は思想研究会例会であった。七月二七日は政研支部葺合班委員例会、八月一一日は失業反対委員会が招集されて政研 (三宅)、SMU (古家) 鉄道労組 (河森)、評議会 (森口、前田) が指名されていた。

こうした八月一八日午後七時半に政研神戸支部葺合班発会式が児童会館で行われる運びとなった。ここでも古家が司会者で議長板野琢磨、副議長岸本邦巳を推薦した。経過報告今吉一雄、祝辞は政研姫路班 (南)、刷新会 (三品)、支部代表 (三宅)、評議会 (尾関) であった。古家の評するところでは、会議は「愚論百出、時間を費やすこと夥しく結局殆ど原案のまま通過した」という。さらに九月二五日夜に政研葺合班総会を開催したが、「出席者は意外に少数なのに驚いた」という。「尾

関君を議長に推薦し会議をつづける。田中君、無産政党綱領政治研究会案を説明して討議に移る。たいした名論卓説も出ず、些少の修正で通過した」としているが、この日、神戸ではソ連労組代表レプセを歓迎する街頭集会があり、それを妨害する官憲とのトラブルなど大変な騒ぎになっていた。

そればかりか、「此の夜々半、雨戸をたたく者があるから起きて出て見ると制服巡査一名、私服の刑事らしいのが一人、松村君が泊まっていないかと尋した」。

奥むめを、婦人運動家、参議院議員３期

翌朝、「まだ寝床に居る中から岸本の細君が来て、昨夜岸本が検束されたので、是から衣類の差し入れにゆきたいから、いっしょに行ってくれないかと言ってきたので、早速同道した。レプセ氏が来神するといふので政研幹部や労働運動の闘士を多数検束したらしかった」「レプセの来神がたたって大規模な検束事件が起こったので、政治研究会の支部総会はお流れになった」としている（日記、九月二五～二七日）。

この時、政研神戸支部は三宅右市編集リーフレット「無産階級の政治運動とは何か」の印刷完成の予定日でもあった。同リーフレットをここに再掲できないが、項目だけ紹介すると「政治研究会とは何か」で無産政党結成を準備する行動綱領を列挙して、それを普及すること、「会の任務」として普通選挙後のブルジョア政党の思想的支配とたたかい、無産大衆への政治教育を浸透する任務遂行の重要性などを説明していた。

【付記】

我県下青年政治家諸君に対する希望

憲政実施以来既に四十年に達せむとてして居る

が、其間に既成政党の堕落政治家共は何を為したであらうか。彼等は議会内に於て下劣な野次と擲り合いと、悪口雑言を吐くことを恥とも思はない程不真面目となり、重要議案の討議さるべき日にも出席しない者が少なからずある。といふではないか。然して一方には選挙界の腐敗堕落と待合政治の当然の帰結として、莫大な失費の為に、資本家の援助なくしては党の存在を維持し得なくなった。其結果にして今や彼等は完全に資本家の手先となり議会を目して資本家の委員会なりと言はるるも弁解の余地なからしむに至った。彼等既成政党は資本家を背景として党の維持を図るが故に勢い、小作人、自作農、労働者、下級俸給生活者、小商人等一般無産階級の利益を擁護することを忘れて、只管自己と資本家の利益をのみ図っていることは言ふまでもないことである。彼等によって政界の革新を期待することは木によって魚を求めるが如きものである。彼等を排撃して一般人の利益を擁護すべき公平な政治を希望するならば勢い、青年の力に俟たなければならない。

かうした意味で従来の神戸新聞社の主催にかかる議（擬）国会及本年から新たに催される又新日報社の兵庫県青年議会は青年に対して、政治的興味を喚起し訓練をなす上に於て極めて真剣な態度でなければならないのである。然るに本会の調査する所によると、従来神戸新聞社主催にかかる擬国会に於ては代議員はややもすれば舊（きゅう）式政治家その儘の態度を学び、議案に対して慎重なる研究もしないで、党派的駈引きにのみ没頭し問題の核心に触れないで場当たり的、ヨタ式、言動を常とし、大向ふの喝采を得むことのみに腐心し、或いは代議員の純真なる討論に耳を傾けずして下劣な野次を飛ばし、甚だしきは直接行動に出づることさへ珍しからず、すべてが衆議院そのままの光景を演じて平々然として居る状態である。即ち識者が称して有害無益となし、純真なる農村青年の参加すべき舞台にあらずとなす所以である。

代議員諸君はかかる悪弊を一掃して本年からは真剣な政治的訓練の道場たらしむると共に、進んで、腐敗堕落の極に達せるブルジョア的既成政党を排撃して労働者、農民、小商人、下級俸給生活者及其他の無産階級の陣営である労働者農民党に

参加して、社会進化の歴史的使命を果たされむことを切に希望して止まない。（大正壱五年十一月）

加西郡下里村　坂本青年会政治部

第四章　労農党の時代

序詞

古家実三が遺した日記や目録等のコピー

前章第三節で、「古家日記」には大正一五年・昭和元年分が欠損しているという難関のあることをのべたが、当該時期に社会運動発展の重要性を考慮すると、なんらかの補填措置を講じる必要にせまられる。幸いにして古家自筆の「懐中日記」「ポケットダイアリー」等（大正一二年〜昭和四年・年間手帳　七冊）が現存し、また『古家実三氏所蔵・労働運動史資料目録』（一九五七年一〇月兵庫県労働研究所発行　略称『古家資料目録』）が保存されているのを利用し得る。とくに後者は補足資料というにとどまらず、戦前社会運動史全体を見渡した研究上で必須的価値を持っており、もとより大正一五年・昭和元年の古家日記を充当する資料をも多分に含んでいる。これら諸資料の援けをうけることにする。

そこで唐突の感はあるが、上記資料について簡単な説明をのべて本章の前書きとしたい。まず年間手帳七冊であるが、各表紙には古家自身が朱筆で主要題目を記しているのを列挙すると、次の通りである。

1　大正十二年一月十三日

2　大正十三年十二月二三日—大正十四年一月

日記

3　大正十四年無産政党組織についての農民組合の提議の書、日本詩集所載（大正八年）橋本実俊の詩、（表紙裏に「労働運動研究書系統表」）

4　懸売帳　白雲堂

5　大正十五年五月二日　於　神戸青年会館

6　大正十五年十一月ヨリ昭和二年二月

7　昭和四年　新労農党組織準備会演説記事

これらの年間手帳は白雲堂書店の業務日誌でもあり、時々刻々に即発する社会運動について、その場でメモしたものを含んでいるが、とくに7「新労農党組織準備会」記録は他にこれほど詳細な大会経過を記したものはなく、資料的価値が高いと思われる。

『古家資料目録』は大正一一年から昭和一二年までの諸資料を収録しており、巻頭には古家自身が序文を飾っている。その一部をここに引用する。

「僕（古家）は本能的といってもよい程戦争が嫌いであった。大正十年神戸に居を移すと間もなく極めて幼稚な方法で平和運動を試みようとした。併し間もなく、力強い戦争反対運動は、社会運動＝解放運動の一環として展開しなければ効果の上がらないことを若い人たちによって教えられた。それが動機となって神戸サラリーマンユニオンの結成に協力することとなり、次いで政治研究会に参加し、労働農民党の成立と同時に入党した。僕の眼は次第に開かれて行った。これまで漠然と不満を感じたり、徒に憤慨ばかりしていて施す術を知らなかった僕の眼にも現在の国家機構、社会構造の真の姿がわかり、政治、経済の動き方に対するはっきりした批判力が生まれた。そして非常な確信の下に行動することができるようになった。とはいえその時代に於ても、自分の行動は家業の繁忙さに制約されて充分な成果を挙げることはできなかった。

その間にあって過去の歴史的文献を取扱う古本屋という業務にたずさわっていた関係上、史料の重要さ貴重さを身にしみて感ずるのであった。一片の文書が重大な暗示を与えたり、重要な結論を下した例は珍しくないことをよく知っていた。

殊に現代史の主流をなしているところの社会運

動史を正確に後世に伝える為にも、運動の後継者に正しい批判を求め、実践の参考たらしめるためにも、資料を豊富に残しておかなければならないことを痛切に感じたのであった。こうした見地に立って自分が社会運動に携わっていたころの文献や資料は、大会の報告書、議案、議事録から声明書、檄文、ニュース、ビラ、ポスター、書簡等に至るまで可なり克明に保存することにつとめたつもりである。

ところが周知のように大正末期から戦時中に至る時代は最も官憲の弾圧の苛酷な時代であって、同志たちの家には間断なく家宅捜索が行われ、図書や文書類を押収された。単行本や雑誌、機関紙の発売禁止も頻繁に行われた。そうした中にあって資料を守る苦心は並大抵ではなかった。「自分は何かの事件に関連したとの疑いで家宅捜索を受け、書類を押収される度ごとにあとで警察や検事局に出かけ厳重に抗議しては奪い返した」「（その後には）資料の若干を保存して居った同志たちも、戦災に遭って全部烏有に帰せしめた者が大部分である。僕は幸いにして夙くから郷里に送っていたために、一枚のビラも焼かれずに助かったのであった」「この資料が幾分でもお役に立つならば素志の一端は報いられるわけである」（一九五七年一〇月一日）としている。

あらためて『古家資料目録』明細を数えて見ると項目総数は実に一二〇〇点近くあり、加えて新聞・通信七六、雑誌三四、単行書七二に及ぶ膨大な量である。しかし本書は「古家実三日記」の紹介を目的としているのであって資料的研究に深入りすることはさけて、「古家日記」を主とし、諸資

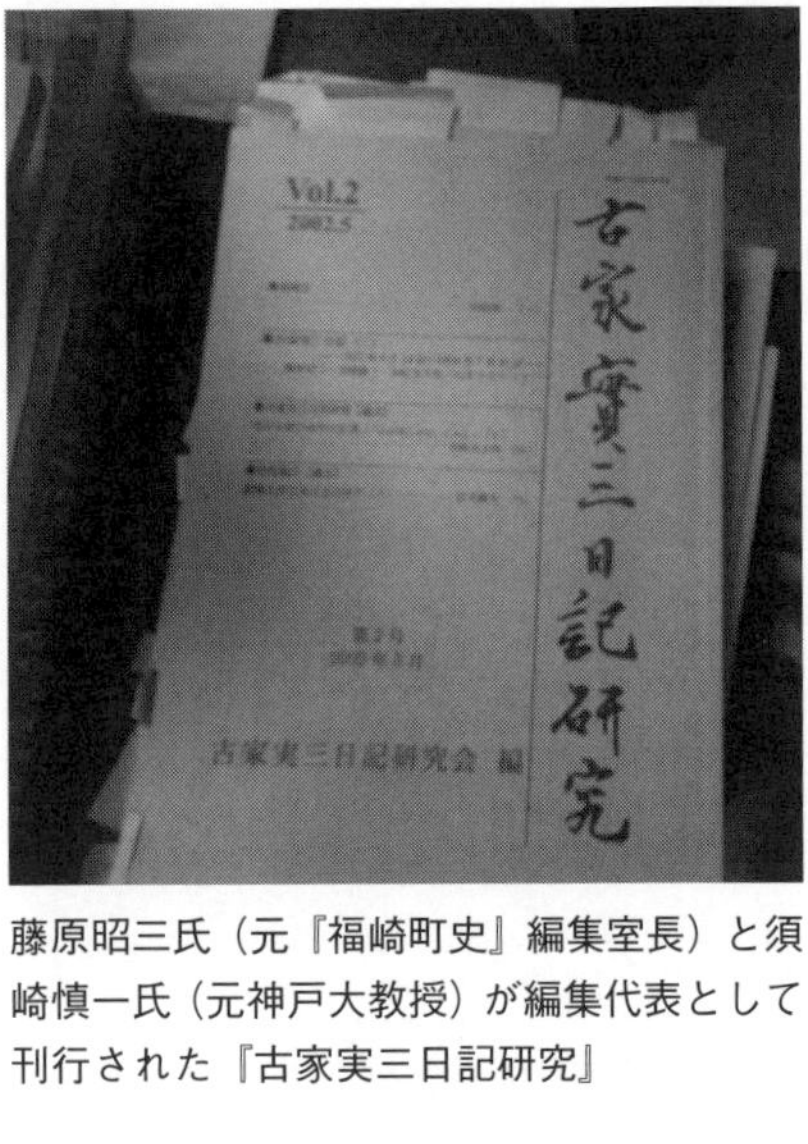

藤原昭三氏（元『福崎町史』編集室長）と須崎慎一氏（元神戸大教授）が編集代表として刊行された『古家実三日記研究』

料研究は従として進めたいと考えている。

一　労働農民党神戸支部

前章ご案内の通り農民労働党は大正一四（一九二五）年一二月に結成大会を開催したが、政府によって即日解散させられ、次に労働農民党として再建されたのは大正一五年三月五日であった。これを受けて労農党神戸支部を結成したのは同年六月六日である。

党神戸支部の創立大会は平野・共益倶楽部で開かれ、司会森脇甚一、議長久留弘三で進められ、祝辞は杉山元治郎、今井嘉幸、中井一夫、長尾有、役員には幹事に森田郁夫、中川光太郎、久留弘三、三吉良太、森脇甚一、奥平弘三、粟田喜一、古家実三、野田喜一、岡成志、胸長太助、白土五郎がつき、会計藤田鶴夫、書記岸本邦巳、大塚憲であった。幹事長、会計監査は選出を保留された。

「結党宣言」では、「不公正なる土地、生産、分配に関する制度の改革を期し、国民多数の生活の安定を図って、光輝ある国民道徳を涵養するとともに学術、言論の自由、人格権を確立し、外に向かっては国民外交の実を挙げて、人類文化の建設に貢献すべきである。

抑々我等が純潔なる参政権を行使して、先ず既成政党を打破し公正なる民衆政治の実現に邁進せんとする所以は、我等新興階級こそ立憲政治の真実の基礎であり、我等の政綱・政策は万民の理想とするところたる一大信念に立脚し、而も我が社会解放の歴史的光栄は、我等無産階級の合理的努力にのみ、その可能性が託せられることを知るが故である。然してこの重大なる使命の達成は、労働者、小作農民を始め小商工業者、下級俸給生活者、無産知識階級等総ての無産階級的要素の緊密なる協同を俟たなければならぬ。

殊に吾が神戸市は、我が国産業交通の一中心をかたちづくり、既に本党結党の当初、其の参加人員は全国に冠たり。茲に労働農民党神戸支部設立に際し、汎く門戸を開放して同志諸君の躊躇なき入党を期待して止まざる次第である」と宣言した。

ところが、以下にのべる「労働農民党第一回大会決議」についていうと、発表の日付が九月二三日になっていて、兵庫県内にも充分に紹介されなかった。文体からは古家の真骨頂を示しているので、ここに再掲する次第である（原文カタカナを直した）。それには、「労働農民党兵庫県支部聯合会創立大会は、我が国現下の情勢に鑑み党の大衆的基礎を確立するとともに、労働農民党に課せられたる刻下の重要任務を積極的に遂行するを必要と認め、左の如く決議して党中央委員会に建議す。

一　労働農民党をして、その大衆的基礎を確立せしむるためには、速やかに全国大会を開催することを必要とするが故に、結党当初の決議を尊重して、中央委員会は本年度全国大会を十一月に召集せられんことを望む、

二　労働農民党近畿地方支部協議会の提唱に係る立入禁止、立毛（稲）差押に対する反対、耕作権、団結権、罷業権の確立、言論、集会、結社の自由等を主要題目とする議会解散請願運動は、党当面の活動として、緊急一日もゆるがせにすべからざるものと確信す。／我が労農党中央委員会は、右近畿地方協議会の提唱を中央委員会の政策として実現せられんことを望む、

三　第三回中央委員会に於ける三団体排除の決議は、結党当初の根本精神たる全国的単一大衆党主義を裏切るものと認むるが故に中央委員会は即時右決議を撤廃して、党の門戸を全無産階級の前に開放せられんことを望む、

右決議す。

大正十五年九月二十三日

労働農民党兵庫県支部聯合会創立大会」としていた。

ここには労農党立党の理念にもとづく統一戦線的な組織建設への展望を示唆し、総同盟の閉鎖的態度とは反対に、党の門戸を労農大衆に開放して運動前進をはかる方針をいっそう鮮明にするものであった。

当時、古家はサラリーマンユニオン、政研神戸支部でも指導的に活動しており、政研支部では葺合班の結成（八月一八日）に際して、次のような開会挨拶をのべている。

「…我が（政研）神戸支部に於きましても既に姫路班の成立を見ましたが、葺合区に於ても班を組織し得る定員に達しました。即ち神戸市会議員選

挙区に依る葺合区に属する会員数は六十余名に達しました」とし、「他の地域に於ても近々、班の組織を見ることでありましようが、こうして無産政党組織の基礎工事が着々として行はれてゆく、此の歴史的な使命をお互いに、こうして果たしつつあることは実に深長なる意義のある事であろうと思います」と、大衆運動の強固な組織的基礎の建設を強調した。これが無産政党運動についても、古家の組織問題にたいする特徴をなしていた。

二　統一運動同盟兵庫地方同盟

大正一五年中に労農党兵庫県支部連合会は神戸、攝陽（阪神）、東播、西播、淡路、但馬地方に支部結成を進め、一一月二八日には第一回大会を再開して議会解散請願運動、健康保険法改正、市電電車賃値上げ反対、北但震災義捐金不当処理にたいする抗議、姫路地方学生・無産団体にたいする官憲暴圧への抗議を決議した。

この決議に従って一二月四日に但馬罹災民会主催、労農党但馬支部後援で開かれた「義捐金不当分配問題大演説会」（豊岡・有楽館）には評議会本部山本柳太郎、前同志社大教授山本宣治、神戸地方評議会委員長奥田宗太郎とならんで古家実三も出演した。

しかしこの時、情勢は急を告げていた。一九二六年一〇月の第四回中央執行委員会の冒頭、労働総同盟など五団体は脱退を声明し、（中略）脱退派は右派の社会民衆党、中間派の日本労農党を結成することになる。労働農民党はただちに細迫兼光を書記長に選び、さらに一九二六年一二月の第一回全国大会で大山郁夫を委員長に選出し、左翼無産政党として再出発した。

分裂した社会民衆党（社民党）は同年一二月五日に結成、さらに総同盟、日農を再分裂して成立した日本

大正14（1925）年５月23日午前11時９分の北但地震で焼け野原になった城崎温泉街

労農党（日労党）は一二月九日に結成した。これにたいして、労農党を支持する「統一運動同盟」が八地方で組織された（一二月九日）としている（『社会労働運動大年表』）。が、これは関東地方同盟の結成期日であって、同兵庫県地方同盟準備会が結成したのはもっと早く一〇月二八日であり、仮事務所は神戸市上筒井坂口通り五丁目、白雲堂書店に置かれた。

その後に兵庫県地方同盟準備会は、「神戸下駄工組合、ダンロップ工友会有志、神戸荷馬車労働組合、神戸サラリーマン・ユニオン、郵船属員同志会有志、神戸地方評議会、海員刷新会有志、市電同志会有志に依って」同準備会が組織された経過を明らかにし、創立大会を一一月二三日、青年会館で開催することを発表した。出席したのは一四団体、代議員三七名であって、古家が委員長に選ばれた。

統一運動同盟の目的には、「全国労農総連合の即時実施、大衆的単一無産政党としての労働農民党の支持」（暫定規約第一条）をあげ、大会決議では分裂につぐ分裂を強行した社民党、日労党が「支配階級の分割政策に協力するもので」あることを強く批判していた。しかし統一運動同盟の方針、闘争課題は労農党地方支部のそれと重複する部分が多く、他面では分裂策動が固定化するにしたがって大衆運動内では共同闘争する必要が生じ、また総連合内に中間派の影響が強化されるにしたがって相互批判や競合する場面を経験するにともなって、統一運動の促進というよりも労農党地方支部独自の活動を強化しなければならなかった。

三　労働農民党兵庫県支部への発展

昭和二年には日本でも金融恐慌が始まり、「日記」四月二一日は次のように記録している。「十五銀行の休業が発表されたので、少しの貯蓄でも又商工銀行の例もあるからとて、農工銀行へ引き出しに行った。預金者が群れを成していたということだ。後に聞けば大銀行も小銀行も皆、取り付けで大騒ぎだったらしい。新聞紙も此の問題が全く中心になっている。日銀に、損害補償五億円を国庫から支出するとか、緊急勅令が出るかも知れない形勢である。三井、三菱等の大銀行まで取り付けに遭ふといふ騒ぎだから資本主義の前途も危いものである」と。これは二年後に始まる昭和大恐慌の序曲であったのだから、古家らもいよいよ動乱の時代へ突入しつつあった。

嵐のような社会運動の変化は後にのべるとして、古家本人と家庭事情の変動にふれると、例によって古家は新年早々から、四国、九州への古書探索の小旅行を試みたが、思わしい成果をえられなかった。かえって近在の古書市や学園での図書流通に依存する比重が増していた。

五月には養女を迎える約束ができて、家族は和合していた。養女「道代はその母に守られて、里の方へ帰って行った。此の子は不思議にも、誠の自分の子に対するような情愛を感じさせる。今年の秋、十月にはあの草深い道の露を踏んで迎えにゆくのだと思うと、不思議な歓びに満たされる。どうかすこやかに幸福に生い立ってくれと祈りたくなる」（五月六日）と記していた。ところで六月には、古家自身も過労状態に陥ったうえに、郷里から剣坂の叔父危篤の知らせがあって一週間ほどは介抱に帰った。医師はすでに手を放していたが、叔父の鍛えた体力は回復して見せた。

六月一八日には古家自身が赤痢におかされて、神戸・東山病院で一〇日間苦しむ。六月三〇日に退院して、「家に帰ってくるといろんな事に気が散って、とても病院生活のような落ち着いた気分にはなれない。本など一冊も一頁も読めない。それに次から次へと訪問者がある。鳥越君、劉君が来る。家主が来る。スパイ（特高）の赤野が来る。三宅君も来る。少し応接してもすぐ疲れる。食事は相変わらず粥しか食べられないので一向元気が出ない」と嘆いていた。

社会運動の情勢では年初の日記に、神戸又新日報の切り抜き「加西青年団の革新運動同盟会創立」の記事を張りつけていて、二月四日に上記革新同盟が創立されること、小作問題、青年政治教育にも取り組むことが予告されていた。一月八日には「藤田（鶴夫）君が来たので神戸新聞社まで同道し伊藤貞五郎氏（政治部員）を訪ふて擬国会に関する調査した」とし、「藤田君は途中で青年同盟の話をした。近々淡路に於ても青年運動に着手すべく、農民組合青年部の創立大会が開催されることになっている。十二日の会合に長尾君が来たら協議し、県下に一大青年運動を巻き起こすことにしては、という相談をした」という。古家は三七歳になり、意気軒昂であった。

　新年の労働農民党県支部幹事会では古家が常任委員に格上げされ、一月二二日「此日全日本無産青年団体聯盟兵庫県地方委員会準備会が組織されたそうで、然かも勝手に僕を委員長に挙げている」と半ば憤慨したが、党内の地位、役割は着実に高まりつつあった。三月一日にも党支部幹事会（出席一八名）では事務所問題、悪法案反対示威運動などを検討したが、三月六日に突然、「朝から葺合署に検束された。同志岸本、尾関、高岡、荒木、辻と倶なりき。悪法反対示威運動及び今夜の勧業館に於ける「悪法案反対及び支那問題大演説会」ぶちこわしの準備であること勿論だ。こちらは逆に署内で示威行動をやった。看守も沈黙の外なき状態である。演説は官憲の計画を見事裏切って大々的に決行された。弁士は各組合の若い闘士が三十名も出たそうで、まだ四名をあまして十一時ごろ閉会したそうだが二十名は検束されたそうだ。古い顔ぶれでは福森君や森口君がやった」としている。

　この後に「三月九日午後三時から党の事務所に於て悪法反対兵庫県地方無産団体協議会の第二回準備会が開かれた。集まった各団体の代表者は請願運動神戸地区実行委員長奥田宗太郎、労農党兵庫県支部連合会古家実三、同上中島増二、統一運動同盟兵庫県地方同盟荒木従縄、無産青年同盟兵庫県支部荒木金太郎、同上勢野常次、海上労働組合組織準備会清水好春、日本海員組合刷新会神谷正路、同上白土五郎」であって、「荒木経過報告、議長に奥田君を推して協議、スローガンその他を決議して散会」した。

第１回全農日高同盟退会ポスター（1929年、和歌山）

この年三、四月にかけて古家は、日農西播連合会の小作争議（宍粟郡神戸村）、海上労働運動・郵船争議などの応援に力を割き、加西青年運動にも緊張した動きに接していた。それについて「日記」四月四日は、次のように記している。「堀尾一男君来訪、坂本（村）の近況稍明らかになった。（青年会長以下数名は）近来、北山道路改修工事に働いて居ること。改修工事には桑原田、中野、谷口、鶉野等各地から十八歳乃至四十歳位の男が多数入り込んで居ること、三十一日の夜、修養団の一夜講習会が催された事等を語って居た。然し青年団員中には一夜講習会に出席だけはしたが、決して共鳴者はないと。県の特高課や憲兵分隊から調査に来たこと等。県特高の方からは前田下里校長に青年団員の統制云々に就いて譴責的な言辞を以て苦しめたとのこと」が知らされた。

大正時代のメーデー

農民組合争議支援で古家は日農兵庫県連委員長河合秀夫と面談し、対支非干渉同盟組織問題では日労党幹部との交渉に苦労し、さらに「無産者新聞社の是枝恭二君来訪、日刊化進展運動に就いて協力を求めたいとの意」を受けていた。

この日は「実にいい天気だ。前隣りの桜も散りかかったが、春らしい感じは街頭にまであふれている。けれども今の自分には郊外に遊ぶような時間の余裕は容易に得られない。A君来訪、昨夜の顛末を話して今後の方針を相談した」という繁忙ぶりであった。

このなかでメーデーを迎えた。この日、会場が明示されてないが「総指揮総連合の青山君、司会者司厨同盟の粟田君、露本君宣言朗読。挨拶評議会の奥田君、下駄工（組合）の阪本君、サラリーマンユニオン古家、朝鮮労働（組合）鄭仁淙君。参加団体は司厨同盟、総連合、組合同盟、総同盟灘連合会、神戸荷馬車組合、市電同思会、農民組合兵庫県連合会、朝鮮労働総同盟兵庫県地方同盟、神戸SMU、海上労働組合準備会、神戸地方評議会（先着順）。大倉山に解散途中、被検束者二十名県特高課へ抗議にゆく。（メーデー）参加人員僅か千四名」「此日加古川、高砂方面に於てもメーデー挙行。夜　大橋公会堂に於て神戸化学労働組合主催、評議会および労農党後援・時局批判並に休業反対大演説会催され、出席すぐ中止となる」と、詳細な運営をつたえていた。さらに翌五月二日夜には、「総連合神戸支部に於てメーデー対策委員会開く。出席者　総連合青山、農民組合松田、海上労働鳥越、評議会森口、サラリーマンユニオン古家」であって、議案は「一、本月六日に官憲糾弾演説会を開くこと。一、会場の第一候補は青年会館とすること。一、散布ビラ壱万枚を印刷すること。一、入場料を弐拾銭とすること。一、主催をメーデー協議会とすること。一、弁士を約五拾名許り準備すること等を決議して散会した」。

　五月六日に、古家は「労農党近畿協議会で大阪にゆき、夜は西神公会堂の演説会に出席。司会者は西崎友次郎君、弁士は僕の外に奥田宗太郎君、勢野君、亀井司君、足立力君等。入場者百余名」であった。

　五月一〇日には大阪で評議会大会（第三日）を傍聴し、「后、労働農民党大阪府支部連合会に於て近畿協議会開催。京都山本宣治氏、大阪大橋治房氏外数名出席。評議会大会は第三日で些かだらけ気味であったが、それでも他の如何なる大会よりも活気があり、統制があった」とし、休憩中に「小見山富枝氏、余に向って熱心に婦人運動の必要を説き、神戸に於ても是非何らかの婦人団体を組織し、徐々に階級的に指導するようにせられたいと

京都から山本宣治も出席

力説する」場面に遭遇した。〔注　小見山富枝は日農中央委員・常任委員前川正一夫人〕

五月一七日「夜八時、無産者新聞神戸支局会議。下沢通り一丁目支局楼上に於て。議案、営業方針に就き、レポートに就き、事業計画に就き、基金募集に就きその他」を討議した。

五月二二日は「朝早く尼ヶ崎　乾鉄線工場争議団へ、統一運動同盟及び労農党兵庫県支部聯合会を代表して応援に行った。夜、総連合事務所に於て組合会議を催す。出席者　鳥越、足立、坂田、近江、平山、古家、阪井、佐野、石井等。…石井君等、亀井の共同戦線破壊を痛烈に攻撃した」と記録している。

五月二六日。「加古川大成座に於ける「争議批判兼官憲糾弾演説会」には九時二十八分の兵庫発列車で出張の手筈になっていたが、遅れて九時五十一分に乗車した。大成座の入口まで行くと、もう満員で場外に聴衆が溢れていた。僕は林田署の高等主任佐藤他一名のスパイに見つけられて、すぐに検束され加古川署に送られたが、署長松井氏はよく僕を知っていたので可なり丁重に扱い、次の列車で送り返された。内勤の一巡査につれられて葺合署の高等室で引き渡されすぐ家に帰ったが、夕飯後又すぐに明石、浜公会堂の演説会に臨んだ。奥村甚之助君、水谷長三郎君、細迫書記長、争議団員（十七、八の女工五名）と神戸からは梅野と西崎と僕と三人、（演説中に）中止はされたが検束は一人もなく十一時前、無事散会、帰宅」した。

翌二七日「誠和会から、県（当局）へ争議取締り方に就いての抗議に来ているから、一緒に行ってくれとの通知をもたらして、十一時頃に梅野宗行が来訪した。すぐに評議会に廻って石橋茂君、小野常雄君外男工手一名、田代よしゑ、浅田高見の二女工手等に三宅、福森、西崎等が同道して県庁に赤木、富久両君を訪問して抗議した。その際、東京自由法曹団の弁護士高畠春三君も日（本）毛（織）の抗議として赤木課長に会見し、乾鉄線工場の争議団員及び女房連も上県して抗議した。夜、湊川勧業館で乾（鉄線）争議批判演説会が開催された。僕は宇仁理一君を誘って、共に出席した。弁士が多すぎて演壇に立つ機会は来らずに散会した。朝鮮（労働）の劉鐘烈君、最も熱弁をふるい、加古川の田代、浅田二女子も演説した。女工手三人は僕の方に泊ることになった」。

五月三〇日「藤原栄次郎君葬式に参列。福森君司会の下に組合葬式を行った。各友誼団体の弔辞朗読および演説あり。式は簡単だが感激に満されて三宅君さえ目にハンカチをあてて泣く。栄次郎君は死の前日、近所が煤掃（叩き）で畳をたたく音を聞きつけて、お母さん、あさ子！　革命が起きた、早く用意をせいと言ったことが、逸話として藤原君の最期を飾った。青柿君、亀井君、三沢君、佐々木君等まで参列。円山の火葬場まで徒歩で送る。十数旒の組合旗を先頭に淋しい棺と、そのあとへ白木の位牌を捧げた細君が従い、会葬者は組合員ばかりで約百五、六十…」としていた。

六月一日「労働農民党兵庫県支部聯合会の出兵反対声明書印刷。六月三日「午後二時から中之島中央公会堂の小会議室で対支非干渉同盟近畿地方同盟協議会を開いたが、僅か三十分にして解散を命ぜられた為、井上要君が代って司会し、閉会の辞の中に少し下手をやったものだから此の結果を産むに至ったのである。／神戸からは僕の外に代議員として鳥越君、脇君も参加していたが、何れも検束された。傍聴者の中には山辺節子女史、農民組合の長尾君、市電自助会の阿部君らもあった。僕は俸給生活者組合の山本秀君、印刷労働執行委員長の中川哲秋君、朝鮮労働執行委員長中載容君、党大阪支部聯合会の朝日君と都合五名川口署に廻された。

六月四日、終日川口署の保護室に在って茶話会のような緩っくりした心持で日を送った」「こうして午後六時頃に僕と中川君、朝日君、申君の四人は釈放されたが、山本秀君だけはどうしたものか、俊寛のように一人だけとり残された」ので、釈放された足で山本君留守宅へ状況報告に行った。そこでも偶然に小見山富枝さんと鉢合わせした。

六月五日「夜、対支非干渉同盟組織準備委員会を開く。出席者十余名、東京からは全国同盟の三浦君も来神して詳細に報告し、準備会はすらすらと成立した。三浦君は此夜僕の家に泊ったが、加古川の三木高次君［注　誠和会幹部］も泊った」。

六月七日「夜、川辺郡の野間といふ村へ麦検査反対を中心とする演説会に行った。阪急塚口駅の西北半里余りの村である。聴衆は小作農の外に小地主、自作農もまじり村の事務所に一杯だった。と言っても僅か六、七十人位だ。佐藤、河合、松田の諸君は先に着いていて、もう演説を始めていた。近村の農民組合員も話した。帰途は夕立のぬかるみをおぼつかない足どりで帰った」という。

六月八日「演説会の準備に忙殺された。各無産団体の闘士あてに演説の依頼状を出したり、宣伝や会場の準備に気を配ったりして、迫害の多い対支非干渉同盟主催の演説会は予定の如く午後七時半から湊川勧業館で開催を見るに至った。僕は開会の一時間も前から会場に出かけて万事に気を配った。そして最初から司会者として開会の辞を述べ、勢野、近江、竹本、三浦と次ぎつぎに弁士を紹介したが、みんなすぐに中止され、その多くが検束された。弁士を紹介するたびに、「いくら中止されても弁士は幾らでもあるから」と告げて聴衆の喝采裡に弁士を送った。六、七人目に至って紹介の辞の中途に中止を食い、そのまま検束された。湊川署に僕が検束されたのは是が初めてだった。被検束者は伊川、劉、足立、河合、荒木、野口に大阪の井上、中川、東京の三浦等ですべて十二人、示威運動の動きがあって十二時釈放された」。

六月九日「朝、鳥越君と湊川署へ井上君等を迎えに行ったが、主任の真淵の失言、監房内の衛生設備の不完全なことなどを注意して、署長に井上君等四名の釈放を依頼しておいた。真淵とは喧嘩別れになった。（中略）後で聞くと間もなく四人は釈放されたらしかった。帰りに農民組合の清水君を訪ねたが会えなかった」としている。

六月一〇日は「殆ど連夜に亘る睡眠不足のために、それとさまざまな疲労のために、此頃はめっきり健康を害してしまった。神経衰弱は益々ひどく、夜なども全く熟睡が出来なくなり、その上に心臓病らしい兆候が見える。

暫くの間、運動から手を引いて静養しようかと思っている。差し当たり統一運動同盟の委員長を辞する決心で、その方は和田君の書記長就任とともに都合よくいきそうだが」とつぶやいていたが、この日の午後に、本節冒頭に記した郷里の叔父危篤の通知が届き、それへの対応に続いて古家本人が赤痢に倒れるのである。急病から回復しても、不可抗力的に静養をつづけることになり、書店内の整理整頓、読書と思索にふけって戦線に復帰するのは八月に入ってであった。

四　昭和三年普選最初の県議選をたたかう

昭和二（一九二七）年前半期は家業をそっちのけにして、労働農民党、統一運動同盟、サラリーマンユニオンの活動に没頭していた古家実三は、過労がたたり痼疾をも再発して、同年六月には療養生活に入らなければならなかった。それは意外に長引いて八月、それ以後にまで及んだ。

日記には、「体重は一貫弐百匁減じたまま回復しそうにない。…体重を計って見ると十四貫四百匁しかなかったが、それでも百匁の増加である」（七月九日）。「此のごろ又、少し神経衰弱亢進し、頭痛あり、あまり読書が気乗りせず」（八月四日）とか、「此頃は神経衰弱が益々ひどいので、本などからきし読めない。只おとなしく店番だが、それすらうるさく（感じて）苦しい」（九月二日）という状態が続いた。当時は「夜、統一運動（同盟）の委員会を和田君が計画していたが、出席者一人もなく流会。僕は今日限り委員長を辞任する。理由は表面も裏面も不健康の故」としていた（七月十日）。

それにもかかわらず警察は古家の身辺監視を強化して、七月四日から尾行態勢をとった。それには「川崎造船への煽動防止が名目にされている。（これには）交番巡査私服」の葺合署斎藤、森井というのが毎日ついて廻った。情勢の緊迫は療養中の「日記」にも如実に記され、「川崎問題は全市民の視聴を聳たしめる大きな問題だった。それが愈々三千名余りの職工を馘首することによって、他の職工を失業の苦悩から救済すると、表面如何にももっともらしい理由を造って明二十三日午後三時に解雇者氏名の発表といふことになった。そこで県警察部は横暴にも神戸市内の各無産団体の幹部（特に左翼団体の）数十名を一挙に検束した。葺合では岸本、高岡、片岡、平山、西崎、荒木の全左翼が検束された。僕は静養中の故にやっと助かった」（「日記」七月二二日）としている。

他方では労農党神戸支部指導部の内情につい

て、「今日の大阪朝日（新聞）神戸付録によると労農党神戸支部長亀井司、幹事大道寺謙吉等脱退、声明書発表」という内紛が表面化していた（「日記」七月一〇日」）。しかもこの時期に、普選最初の県議選実施が九月に刻々として迫っていた。日記上で、「石田君が来て（私に）県会立候補を扇動して行った」のは八月五日であった。翌日には家庭内で、美雪、岳父と古家の間で「話題が一転して、県会改選問題となり、立候補の可否についてやかましい論議が持ちあがった。勿論岳父も美雪も徹底的に反対する。僕も敢て固執しようとは思はな」かったという。

　八月一一日には、郷里の叔父がついに不帰の客となった知らせが来て、葬儀を執り行うのに古家は下里村へ八月一六日まで帰っていた。この時間経過とともに古家は、他に知られない重要な決断に迫られていた。それは「日記」八月一八日に吐露された。

「進むべきか、退いて自分を守るべきか、全く進退の岐路に立ってしまったようで、少しも心持がはきはきしない。ブルジョアジーに対し、支配階級に対しては燃えるような反抗心を持ちながらも、唯物論の展開する未来の社会が吾々の心にぴったりするものであるかどうかが信ぜられないような気がする。唯物論の持つ当然の帰結として仏像を毀して実用品に鋳直したり、美しい山岳や渓谷を実用のために傷つけたりすることは、朝めし前の茶漬けのように扱われている気がして不安でならない。そんな世界を造る位なら、態々命を投げ出す程のことはないという気にもなる。こうして悶々の

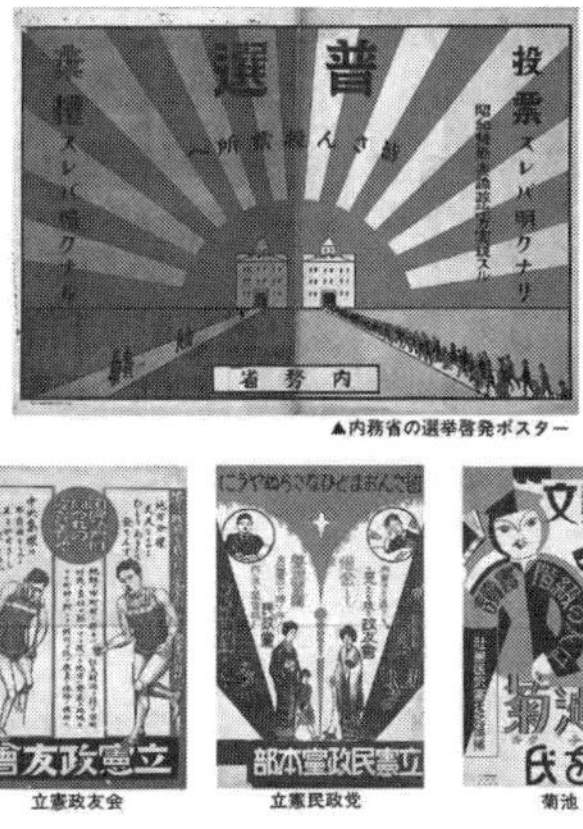

第１回普通選挙時のポスター

裡に昨日も今日も空しく過ぎてゆく」と記していた。日記には「終日店を守ること例の如し」（八月一九日）とあるが、周囲からは「石田君来訪。頻りに県会立候補をすすめる。葺合の小野君来訪。県会立候補のことなど五月蠅く（うるさく）きく」（二二日）。「…刀屋に寄り、党支部に寄る。三宅君にも久しぶりに会う。三宅君からも加西から立候補をすすめ（られ）た。今朝、美雪と相談して立たない方がよかろうと決心していたが、無産政党不振の状態を思うとじっと引き込むわけにも行かない心地がせられる」（二三日）とも記していた。

そして、この問題に決断を下す日、九月六日がやってくる。その日「雨はどしゃ降りだ。八時半頃から少し小降りになったので、北条に出かけた。途中、鴨谷の青木薫君を訪ねたが不在。…大西市之助を訪問した。意見を交換したが、元より問題にならなかった。とても我々の同志ではない。菅原氏を通じて民政党に立会演説を申し込んだ。趣意は面白いが、今日は本部の特別演説会なので都合が悪い。いつかの機会にして貰いたいと、巧みに逃げた。／武内が菅原に招かれて居るときいて、少し意外に感じたが、会って見て更に驚いた。最う同志として頼みとすべきものは森本、三浦の両君だけだ。民政党の演説会は弁士の顔がまるで変り、つまらぬものだった。夜帰宅」としている。翌九月七日には、「岳父もいろいろ意見を持って居るやうだからと、（美雪と）二人で相談に行った。未だいくらか退却を希望するようなことも言って居たが、僕の意向が可なりはっきりとし、強烈になったのを見て渋々ながらといふような態度で賛成の意を漏らした。今朝は寝られなかったので早くから筆を執って立候補宣言を書いた。

支店で話して居る中に一時になった。三宅君は約束の如くやって来た。此の間、三宅が来てから僕の考えが変わって来たといふかどで三宅君をうらむと、美雪が言った」が、古家の決意はすでに固まっていた。立候補者は「各方面とも手不足と金不足で困って居るらしい話だ。親戚や友人へ手紙を書いたり、電報の原稿を書いたりした。岸本君も来て大に決心を力づけてくれた」。九月九日には供託金の手続きを、「午后二時三十五分に受理された後に、古家は「党に於て三宅、松田、梅野の諸君と運動方針の討議をした。昨日の睡眠不足ですっかり疲労し切った。しかし最早、背水の陣を敷いてしまったのだ」とのべていて、出陣に臨む武将の心構えで帰国の準備を急いだ。

日記上で選挙に関する記述はここまでで停止し、九月一一日から二五日、即ち投票日までは空白にしている。それを補填するには再度、『古家資料目録』内の「立候補宣言」その他に戻らなければならない。

これについて『古家実三日記研究』第三号で須崎慎一氏は、論文「考究・古家実三の歴史的地位—加西郡県議選に見る—（上）」で、今後にも研究必要な部分が多いことを前提とした上で、「…古家が、普選第一回の県会議員選挙に対して、地元の加西郡から立候補の意志を有していたことは確かであろう」「古家は、同じ加西郡下里村出身の稲岡幸治（酒造業）が立候補し、さらに保守勢力が乱立する可能性を感じ、最終的に決意していったのではないか」とされているが、「古家日記」にはそれに該当する記事は表れない。むしろ古家は、前記した「日記」八月一八日に見られる進退の岐路に苦悩し、結論を模索していた。

その背景にあったのは自身の健康悪化、家族の反対意見、唯物史観にもとづく芸術論、未来社会論への疑念に苦しんでいたのである。

この精神的物質的な停滞状況を打破したのは、古家に特有な英雄主義ともいうべき使命感であったと思われる。労働農民党兵庫県支部聯合会第二回大会議案書が昭和二年度活動を総括した文書によれば、この年に「我が聯合会は（議会解散）請願運動地区実行委員会の組織を率先して提唱し、…積極的に参加して議会解散の署名運動、演説会の先頭に立って戦った」「本年三月、本聯合会が提唱して、神戸に於て各無産団体の参加する対支非干渉同盟兵庫県同盟を成立せしめた」こと、また「本年六月、我が聯合会は日本農民組合と共同して、麦検査制度反対で村民大会、村民代表者会議並に請願署名運動等を提唱して戦った」。さらに金融恐慌による川崎造船所従業員三五〇〇名解雇問題では、解雇反対、解雇手当三ヵ月以上支給などの要求を掲げて従業員大会、職場代表者会議など、家族大会をも提唱して戦った。この運動は「武装せる軍隊と官憲」に蹂躙された。「演説会に於ては弁士悉く検束され、失業者大会に於ては会場に殺到する参加者は」「検束された者百名を超え、然も十数日に亘って不当留置」されたという。

これら諸闘争の延長線上でたたかわれる県議選は、草の根からの普選獲得運動以来の決算であり、民主勢力の進出をかけた政治闘争としてきわめて重要な意義を持っていた。このたたかいを「進退の岐路」として苦悩した古家の立場は、熟慮の末に前進方向を選択する以外になかった。それが階級闘争の道を歩む活動家の必然性であった。こうして彼は九月六日、雨中に下里村北条で開催中の民政党演説会に論戦を挑み、これをもって県議選立候補を決断するのであった。

以下では、「古家日記」が空白にしている選挙戦の概要を、(1)「立候補宣言書」(2)言論戦、(3)選挙結果の項目にわけて補うことにする。

(1)「立候補宣言書」

「日記」によれば古家は、立候補宣言を九月七日朝に書いており、選挙戦に臨む政見を全文約一二〇〇字に要約した。それをさらに簡約すれば、それには第一に金融恐慌で困っている無産大衆を犠牲にした政府の財閥、銀行の救済策を厳しく批判していた。「見よ、彼等は不始末な銀行家を救ふ為に国家から七億円といふとてつもない大金を出させたではないか。いろいろな口実を作って造船業者に二千万円も只やってしまったではないか」と糾弾し、田中義一政友会内閣の成立に矢を放った。

当時の神戸・川崎造船所風景

第二に、加西郡に盤踞する民政党を視野に置いて、古家は、「県会の方はどうだ。必要以上に贅沢を極めた阪神国道、僅か五里二十三丁に一千三十万円という大金を費やし、然もその為に土地の値上がりがして一坪百円も二百円にもなり、ウンと儲けた沿線の地主や家主などの受益者に特別賦課として半分以上はたしかに徴収することが出来たにも拘わらず一文も賦課せずして、そっくりそのまま県民に負担させたではないか」と論難した。

第三に古家は、「諸君、しっかりしなくてはならない」「小作農、自作農、小売商人、下級俸給生活者、小地主の為にほんとうに奮闘しているのは労働農民党だけだ」と人民戦線的な呼びかけの下に、

「一、十八歳以上の男女には選挙権被選挙権を与えよ

一、家屋税絶対反対

一、自転車税　荷車税其の他雑種税撤廃

一、特別地税反対

一、所得税、相続税、会社税等の高度累進賦課

一、三千万円道路修繕計画絶対反対

一、労働組合事務所、青年団倶楽部建築費補助の要求

一、県参事会を廃止せよ」

という政策を提起し、労働農民党公認候補としてこの県議選に立候補することを声明した。

⑵言論戦

「日記」九月六日で古家は、加西郡には「もう同志として頼みとすべきは森本、三浦の両君だけだ」としていた。つまり加西立憲青年会当時の活動家は保守党各派に分化し、青年団革新同盟も労農党からは離れていた。こうして古家の奮戦しようとする選挙闘争体制は事務長が神戸からの梅野宗行、応援弁士は森本雄三、三浦三次という少数精鋭であった。

他方、民政党側は兵庫一区から鹿島秀麿、同二区から前田房之助、同三区から三宅利平ら代議士、県議を応援弁士にした激戦となり、各新聞は「加西郡の県議選は「舌戦愈々猛烈」」（『神戸又新日報』九月一七日）、「言論戦白熱す」（同前九月一九日）……「両派共北条町其他へ候補者氏名の大看板を掲示し、所謂看板戦を始めたのは空前の現象である」（同前九月二〇日）と報じられた」（『古家実三日記研究』第三号須崎慎一氏論文から借用）。

⑶選挙結果

選挙投票は九月二五日に行われて、その結果は

稲岡幸治（民政）四四〇八票当選、古家実三（労農）は二七三五票次点落選であった。開票当日の状況は「日記」九月二六日で、「(午后)二時頃に帰宅（下里村坂本へ）、運動員等は僕の帰りを今やおそしと待っていた。…開票の終った町村の得票数が稲岡派の事務所に掲示されていた。北条も富田村も七分三分の敗けをとっている。どうせ敗け軍は覚悟で、今後の運動方針について松尾、森本、三浦君等と協議した」。

翌二七日に古家は、残務を整理して神戸に帰った。二九日「在店。選挙戦後の労働農民党の態度に関する声明書を起草した。党、組合の闘士連れ交わして来訪。労農党の加西郡における勝利を祝ってくれる。落選の勝利として加西郡の選挙戦は実に重要な意義があるのだ、と言う者も」あったとしている。

選挙戦の総括作業は一〇月二日に労農党県支部聯合会・拡大常任委員会を開いた。加西郡現地では一〇月七日夜に「選挙戦報告演説会」を開いて、古家が報告した。「可なりの盛況で三口は勿論、西笠原からさえ来聴する者があった。坂本の婦人も二十名ばかり参加した」という。

こうして選挙の事後処理をすました古家は、「もう一度、秋の飯盛野の情緒を味わいたいと思ったので自転車のハンドルを西北に向けた。サンバラ池の堤防に立って四辺を眺めた時は郷土に対する愛着の念が一度にこみあげて、暫しは茫然として佇んだ。カズカから薄《ススキ》の多い赤土道を辿り、左に折れて琵琶甲、牛居を経、途中野田の中川杉松君方に立ち寄って夕方帰って来た」。一〇月八日には、帰路を剣坂廻りにして、「西の山路をとることにした。雨にうるおった秋の山林はまたとない懐かしいものであった。雨後の山林にキノコをあさった少年時代の思い出が湧いた。道端にも油茸や初茸を見つけたがそのままに打ち捨てた。雨もやのまつわる善坊山の姿や露を帯びた松林を眺め

加西の飯盛野疎水を見学する児童たち

ゆくと自然に対する愛着の念が貪るように起きてくるのであった。黄ばみかけた大巌谷の山も樹木の生育が著しく目立つのであった。／剣坂の柏原と中村とに寄って六時の汽車で帰った」としている。

五　労働農民党兵庫県支部聯合会第二回大会とその後について

一〇月二八日に党県支部聯合会は、大山郁夫委員長を迎えて「長尾県議失格反対、暴圧反対、普選法改正要求」大演説会を開き、一一月に入ると常任委員会を連続開催して、「来る廿七日に開催さるべき県聯の大会に関する諸問題や加西郡に於ける組織問題が重要な議題となった」という（「日記」一一月一二日）。

大山郁夫労農党委員長

この問題は、時日の経過とともに古家の認識に加重したようであり、「県聯常任委員会。十時から午後五時まで、二十七日の大会に関する準備等」（一一月二〇日）を重ねていた。

「日記」一一月二七日に、「労働農民党兵庫県支部聯合会第二回大会を、本日午前十一時から青年会館小講堂に於て開催。司会者・三宅右市君、議長・古家実三、副議長・森口新一君、福森君、書記長・鳥越君、書記・関西学院生徒二名、臨監・小野田警部補

午前中は僕（古家）が議長席につき、各種委員の任命、各種委員長の報告、県聯合会の報告等及び各友誼団体の祝辞、祝電等。

午後、森口君議長席につく。規約の審議、会計確立の件その他議案の審議に移ったが、臨監の注意・中止の連発で次第に殺気立ち、福森君が副議長に移ってからは益々空気が緊張し、長尾、行政両県議失格反対の件に至って遂に解散となる」で、古家は筆を止めている。しかし労農党県聯第二回

大会の重要性とその後の運動に与えた影響から考えると、より詳細な大会の経過を検索する必要があり、同大会議案書にもとづいた補足を加えたいと思う。その説明をおこなうのには相当な分量、ページ数を要するので、本節末尾で［付記］として参考に供することにしたい。

さて大会後に「古家日記」一一月二八日は、「夜、党県聯では第二回大会後の第一回常任委員会を本部で開催した。三宅、松田、和田、西崎、近江、古家等出席、会計は当分三宅君に、書記は森君に」することにしたという。また二九日には、「…日労党の大会でも（労農党との）合同問題は多少問題になっているらしいが、誠実な態度は見受けられないようだ。松沢（兼人）氏久し振りで来店。但し商用のみで。夜、党県聯の常任委員会、少し遅刻する。日労党との無産政党合同協議会提唱の問題についての討論が活発に交わされた。かくて声明書の作製を引き受けて帰った。出席者は古家、三宅、松田、和田、西崎、近江、森等で、喜井君のみが欠席」であった。

古家は一二月一日に、「県聯常任委員会から委任を受けた無産政党合同協議会に対する声明書起草。午后二時常任委員会開催。出席、三宅、松田、和田、西崎、近江、森。議案の整理修正、三宅君の起草による知事に対する抗議文（公開状）、山脇氏に対する抗議文等可決、決定」とし、抗議文は「長尾君（県議）と共に」県会議長、知事宛に手交したという。

一二月初旬に古家は党県聯常任委員会（第四、五回）の審議を経た後に、河合秀夫（日農兵庫県聯委員長）と同道して丹波・見性寺の演説会に臨み、そこから加西郡に廻った。一二月一四日、どの村かを記してないが、「大橋愛治君を訪問して小作人懇談会のことを相談した。大橋君の長兄と、近所に住む小作人の一人とは非常に乗り気になっていたが、あとからひょっこりやって来た男が裏切的な言動によってすっかりおじゃんにしてしまった。三口に出て西岡勇次君に会い相談したが、（部落は）池普請で皆に相談しなければ、というので決定せず、河合君に坂本で待って貰うことにして稲岡区長を訪ねた。（それで）坂本では、区長は会場を計らい難いとのことだった。（それで）坂本では、演説会の代りに

丹波・見性寺

懇談会を開くことにした。夜、倶楽部に集った者は十人ばかりだったが、相当の熱意をもって労農党支持の意見に傾いた。入党の内諾をしたものは全部に及んだ」としている。

一二月一五日「午前中演説会のビラを書き、午后山下に向かふ予定であった。浅見隆治君来訪。いろいろ話してみたが、此の頃に至って次第にブルジョア意識を露骨に現しつつある浅見君を靡《なび》かせることは思いもよらなかった。／西の山道を河合君と共に山下に向かった。梨の木峠の下で小林の従兄に会ったが、彼は僕にものも言わなかった。……七時頃に山下に向かった。山下の懇談会は五、六十人も集まって相当の盛会であった」。

一二月一六日「…北条住吉座における県会批判演説会は、会場の都合でやれなくなった。河合君は…朝香呂の方から帰ることになり」、古家は自転車で多加野に向い、山下、横田、鎮岩、高室、玉野などを進んで鍛冶屋の岡田に落ち着いて、療養中の弟を見舞った。帰路には「玉野で小作問題の状況を調査し、又桑原田の松尾武男君を訪ねて運動方針を相談したりした」。神戸に帰ったのは一二月一八日であった。

「古家日記」一二月中旬のこの記録は、実は県聯第二回大会が指摘した県議選の総括問題に関連していた。古家は一〇月初めにも「桑原田の松尾君を訪問して、今後加西郡における農民運動、党支部組織問題等について相談し、略一般方針を決定した」と記しており、党県聯第二回大会議案書では県議選の成果として、党の基礎組織が尼崎、淡路と共に「加西郡に党支部が組織されんとしている」と評価されていたが、実体をともなっていなかった。加西郡には労農党支部も農民組合（九重村以外は）も未組織であった。これが県議選で古家不振の原因でもあり、この弱点を自覚して古家は河合秀夫を要請して農村工作に入ったと想像される。こうして昭和二年は越年したのである。

［付記　労働農民党兵庫県支部聯合会・第二回大会概要］

昭和二（一九二七）年一一月二七日、「労働農民党兵庫県聯・第二回大会議案書」を見ると次のような項目に分かれている。

第一部　大会報告

一　概括的報告

第一期（昭和二年三月から八月まで）神戸、西播、但馬、淡路、東播、攝陽に支部結成

在籍者合計八八三名

第二期（八月下旬から九月下旬まで）県議選

第三期（九月下旬から現在まで）

二　過去一年間の主要闘争の報告とその批判

1　議会解散請願運動

2　対支非干渉運動

3　麦検査制度改正運動

4　借家人　・運動

5　川崎問題（川崎造船所大量解雇反対闘争）

第一期　川崎問題（大量解雇）発生から解雇まで

第二期　七月二十四日より二十九日

第三期　七月三十日以降

6　（兵庫）県議選

7　五法案要求運動（失業手当法、最低賃金法、八時間労働法、青少年婦人労働者保護法、健康保険法改正）

8　長尾、行政両県議失格反対運動

9　臨時県会に対する闘争

第二部　大会提出議案

執行委員会提出議案

規約改正に関する件、財政確立に関する件、国会総選挙対策に関する件、議会解散請願運動に関する件、以上四件

神戸支部提出議案

労働者農民無産市民の生活を圧迫する県財政に対する闘争に関する件、暴圧反対運動に関する件、以上二件

淡路支部提出議案

漁民組織に関する決議案、麦検査制度改正要求

運動に関する決議案、水平社同人、部落民に対する差別撤廃運動に関する決議案、長尾、行政両県議失格反対運動に関する決議案、以上四件

攝陽（阪神地方）支部提出議案

「無産者新聞」（読者）五万突破運動支持に関する決議案、

東播支部提出議案

日労党との共同闘争に関する件、

西播支部提出議案

「労働農民新聞」十万突破運動に関する件、

但馬支部提出議案

対支非干渉運動に関する件

以上合計十四議案

第五章　弾圧に抗して

一　第五四議会解散、総選挙戦へ

昭和三年一月五日、「古家日記」は「『年始の詞に代へて』の全文を改訂して、僅かにはがき一面六号（活字）を埋める程度に止めた」としている。その一部を挙げてみると、次の通りになる。

「…家庭は今のところ先ず幸福とでも言うのでしょう。愛児道代も数え年の三つ、正確には満一ヶ年二月と二十五日となりましたが、もう二ヶ月も前からヨチヨチ歩いていますし、意識も次第にはっきりして参りました。（中略）…最後に一言したい事は、昨一ヶ年間に於て私たちの政党である労働農民党が内部的に異常なる成長を遂げた事です。十二月十日から三日間東京に於て開かれた我が労働農民党第二回大会のすばらしい光景！

労働農民党のポスター

日本で政党が出現してから以来、如何なる政党も未だかくの如く真剣な、而してかくの如き盛大な、而して又かくの如く内容の充実した大会を開いた事は一度だってあったでしょうか。あらゆる障害をはねのけて、雄々しくも躍進しつつある我が労農党の一員として今年は大いに奮闘したいと思って居ります。白雲堂の盛衰は問題ではありません」と書き、二三〇枚印刷した。

一月八日、店は開けて早々に「『国家と革命』は羽が生えて売れ切れてしまった」としている。

古家が年賀状で評価した労農党第一回大会以来の党勢拡大についていうと、党員数が約五千人増加して一万五三七四名になり、各地方協議会の連絡体制が整ったこと、下部で班組織まで拡充して日常闘争を強化する体制を進めつつあった。活動内容でもコミンテルンの「二七年テーゼ」が発表されて以後、日本共産党で主流を占めていた福本主義は後退し、共同闘争を通じて無産政党の合同を促進しようとする勢力が台頭していた。労農党・大山郁夫委員長の主唱する「日常闘争主義」が、工場や農村部落で実践されて、政治運動（議会解散請願運動や対支非干渉運動）の結合が努力された。

一月一一日夜には党神戸支部常任委員会（第十回）が開かれ、「出席　三宅、松田、喜井、森書記、近江、古家。／議長　古家」で進められ、党中央執行委員会に出席した三宅がその報告を行い、各支部の情勢報告は松田が担当した。議案審議は、

1　尼崎水道問題に関しての日労党との共同闘争協議会への出席の件、古家に決定
2　共同茶話会に関する件
3　西崎（友次郎）君を神戸支部長に推薦する件
4　各支部対策に関する件、政治部長三宅に一任
5　他の議案は来る十三日常任委員会に繰り上げる事
6　次回執行委員会は未決定にして、閉会した。
一月十三日夜に古家は、労農党「県聯常任委員会出席。

報告　松田―近畿協議会の件
三宅―支部対策指令
鳥越―神戸支部最近の活動について
議案　近畿地方協議会委員選出の件　三宅、松田
阪急乗入れ反対市民大会の弁士　古家
神崎郡青年同盟発会式の出席者　和田
議会解散請願運動―運動方針変更に関する件

総選挙対策（候補者）神戸より尾関君、第二区より近内弁護士、資金は手袋販売等」としていた。

「日記」一月一四日、「青年会館に於て午後六時から神戸日日新聞社主催の市民大会（阪急高架線乗入反対）に党神戸支部の動員きかず、不成功。／後、鯉川筋のカフェーラッキーに於ける日労党、労農党の懇親茶話会に出席。出席者は労農党側、古家、三宅、松田、和田、西崎、喜井、近江、森、岸本邦巳、三沢、佐々木庄兵衛、田村市郎、平山喜蔵、鳥越厳、奥田、青柿、長尾、福森。尾関君も／日労党側、佐野、奥平、阪本勝、棚橋小虎、宮本、森脇、その他数名、中立　木村錠吉、西川一等三十七、八名。和気に富んだ会合、無産政党合同問題のやかましい折柄、極めて意義のある歴史的な会合であった」としている。

そして一月一八日に、「今日から愈々九州地方への旅に立つので何かと心忙しい。整理しなくてはならない多くの雑務を残したままで、遂に（営業は）繁忙期に入った」と、記している。この日に、芦屋で「『朝鮮金石一覧』と新羅朝以下の古碑拓本数十枚とを買」ったが、山陽線に乗るのに遅れた。次の電車で下関から小倉に渡り、翌日から中学校での教科書収集に努力した。一月二十一日には「八幡中学校に出張、地歴科（買入の商談）も成立、…小倉中学に引き返した。その間一寸宿に帰った時、号外！『五十四議会解散さる』！」の報道にぶつかった。

「痛快だが一寸早過ぎるので面喰らった。（中略）夕刊によると総選挙は二月二十日と、内務省の意向略決定とある。それでは紀元節前に帰神しなければならぬ。困ったものだがしかたがない」とつぶやいたが、書籍買付・古書収集はその後も十日間ほど続けた。小倉から門司、博多、久留米、佐賀に廻って中学校、商業学校を巡歴した。久留米では「商業学校裏の樟の大木、幹の周囲三丈に余る堂々たる樹、枝もよく繁茂し生気が溢れていた」（一月二八日）とし、「自動車で小城へ、小城中学を中心とした周囲の山岳、平野、木立等皆面白い、皆美しい、涙ぐましいような、やさしい、淋しい、なつかしい景色である」と見渡していた（二月一日)。古典籍では佐賀、西村書店で『太政官日誌』揃本、『集古十種』を得ている。

さらに後日、博多では「『草木錦葉抄』の極めて鮮明な初摺本があった」「元和頃と見るべき『立正安国論』の木活字本」や「『花洛名所図会』の上版上本と『河内名所図会』とがあった。…此の二つはとにかく買った」(一月二六日)。翌日には「…海水浴場付近を散策した。博多湾の風景はここからも捨て難い眺望である」「午后少し閑を得たので聖福寺及び承天寺の鐘を見に行った。どちらも朝鮮鐘中の逸品である。聖福寺のは、小早川隆景の寄付したものだというからには、何れ文禄の役の帰りに『行きがけの駄賃』式に泥棒して持ち帰ったものだろう」としている。

久留米の自然歩道

古家は旅行中にも、労農党の選挙戦準備に注意し、「福岡日々新聞が『無産党選挙地盤協定』と題し、きのふ労農、日労、民衆三党と全国、地方代表が会合、協定ほぼ成ると報じている」(一月二二日)や、「今朝の福岡日々新聞に無産政党各候補者の顔ぶれが出ている。兵庫県第一区からは日労党の河上丈太郎氏と社民党の(空白)氏、第二区からは日労党の棚橋小虎君と我が党の近内金光君、第三区からは日労党の吉田賢一君の顔ぶれが出ているが、二区から日労党が割り出るのはけしからぬ。県聯へ電報を打って協定(を守ら)させる考えである」(一月二三日)としている。二月一二日には福岡にあって、「今夜の松本治一郎君推薦演説会に応援し、猶ほ警察を相手に(先日の演説会での検束問題で)彼らを謝罪せしむるまで戦うか、何れを選ぶべきかに迷ふた」が、「遂に六時の急行で立ち、午后九時二十五分下関発の特別急行列車で帰途に就く決心をした」。当該列車が「神戸に着いたのは(二月一三日)午前九時四分。駅前にも既に選挙気分は漲っている」有様を見ていた。

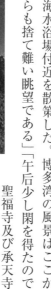

店に帰りつくと、九州から到着した書籍の空箱が積まれてあり、「座敷は教科書の山だ。夜、魚崎小学校で近内（金光）氏の推薦演説会。岸本、三沢の両君と共に行く。入場者七、八百。弁士は板野琢磨君、岸本君、和田君、阪本福蔵君、奥田君、僕が最後にやった」として、帰着早々に古家は選挙戦に突入した。

二月一四日「三宅君が来たので候補者応援方法を協議した」。その結果、古家は第三区吉田賢一（日労党）の応援にあたることになった。しかしその夜は「西灘第一小学校講堂に開催される近内氏推薦演説会に…出席する。雨天にも拘わらず会場ははち切れる程の大入満員で活気に溢れている。出演弁士が少ないといって党員が気を揉んでいたが、追々に集まった」。

二月一五日は三区、吉田賢一候補応援のために帰郷し、演説会場の在田校に行く。「聴衆約百二十名、警部補が臨監していた。農民組合の石原君が開会の辞を述べ、次いで中川芳子君が無産婦人全国同盟の派遣員の名の下に演説し、次に僕が登壇したが半ばにして中止された。（このために次の会場である）西在田に行った。西在田校では中川女史がすぐに中止を食い、次いで僕は『今回の―』と言っただけで中止された。そこで警察官との間に衝突が起こったわけである」。この問題は詳細を別記するとしているが、発見できていない。

二月一六日、加西郡の演説会準備に時間がかかって予定を変更し、「夜、武庫郡内の各所で近内君応援のことにした。そしてk君と青年会館に帰り…賀川君と会う計画だった。先ず第一に今津小学校に行った。七時過ぎ笠原君の司会の下に開会された。聴衆は二百名余りしかなかったが、最初に登壇した。次いで近内君が出た。西宮公会堂は聴衆約二千人と註された。最後に本庄小学校に行った。聴衆は三百人許りだったが学校教員さえ我が党の演説をほめ立てた」。

二月一九日、選挙運動の最終日。「此の夜、武庫郡川辺郡の富松、時友等の片田舎に於て、近内候補推薦演説会を開き、肝心の西宮、尼崎等で大演説会を開く計画が全然失敗に終っていた。しかも時友では佐川、和田の両弁士は開会に先立って、西宮署の臨監の手で検束されたとの報があった。

僕も行けば検束に決まっていたが、直ぐ会場に行って見た。演説会場は村の小工場を宛てたものだったが、すでに解散同様の状態になっていた。司会者は僕に事情を訴えた。僕は警察に抗議したが、結局は検束されてしまった」という。

二月二〇日は投票日であった。警察は「午前十一時前に到ってやっと釈放、実に人を馬鹿にした話である」。しかもこの日は、白雲堂書店が「大阪の『教科書市』に荷物を運び」こむ予定であって、古家は釈放後に金君（店員）と一緒になって労働した。

二月二一日、古家は大阪市中で「選挙の結果刻々に発表され、是等の掲示所は何処も人の黒山を築いて居る」のを見聞する。二二日も古家は、一方で『教科書市』の売買や業者間の連携に対応しながら、他方で選挙結果に注目していた。日記では「選挙の結果続々発表され、社会の興味の中心は全く総選挙戦の結果に集まる。大阪、大橋君の落選は惜しみても余りがある。杉山元治郎君の落選も惜しいところだった。神戸に於ける同志の多くは、一昨日の検束されたまま未だ釈放されない者もある。不穏文書に関係したなどと飛んでもない嫌疑を受けて」とし、「近内氏の得票も案外に少なかった。官憲の極端露骨な干渉が禍したことは勿論である」（二三日）とも記した。

そして民主勢力にたいする弾圧はなおかつ強化された。すでに治安当局は、三・一五弾圧事件を準備していた。古家は、「（二五日）今夜の演説会には出演しないつもりでいたが坂田君が呼びに来たので、思い切って出演。…今日此ごろの検束を知りつつ、出演は困ったものだとは思ったが、義務として避けるわけにはゆかなかった。果して二、三分間で中止検束、同志十二名と共に相生橋署へ。是で第九回目の検束だ、相生橋署は是が始めて」であった。二六日「同室九人、僅か半日余の中に心易くなる。とても憎むべき罪人とは思えぬ程、無邪気さと人情の温かさとを持っている。冷酷な刑事や巡査とは比較にならぬ」と、彼らの身の上話に耳を傾けて、午后四時に釈放された。

付記

「古家日記」はここで、二月二七日から八月二六日までを空白として、中断している。但しその中間には、八月一日から一八日までを記録した別冊「塩田温泉記」が配列されている。この中断期間には三・一五事件（一九二八年三月一五日）があり、労農党にたいする解散命令（同年四月一〇日）があって空白のままでは黙過できない重要さを感じるが、だからといって公式的な注釈を付けることで、原文の精密度を損なう恐れをともなうことを避けることにした。この欠落部分は読者各位が、他の方法で補足されることを期待したい。その一助として、拙著『兵庫県社会運動史研究』『兵庫県治安維持法犠牲者人名録』を参照していただければ光栄である。

二　塩田温泉記

繰り返していうと、「古家実三日記」は昭和三年二月二七日から八月二六日までを中断している。この半年間を空白にしなければならなかった事情を推察すると、万感胸に迫るものがあるが知る術はない。そして、その後の直近に筆記されたのが、この「塩田温泉記」である。ここには昭和三年三月一五日、いわゆる三・一五事件と称せられる一五〇〇名以上に上る共産党員と支持者にたいする天皇制政府の逮捕、監禁、拷問、虐殺事件があり、同年四月一〇日には労働農民党、日本労働組合評議会、無産青年同盟にたいする解散命令の大弾圧があり、社会的に濃密な余燼が漂っていた。それを古家は塩田温泉に出発する動機、その夜の情景に集約して描写している。

小林多喜二著『1928年３月15日』

彼は「…此の温泉で、胃腸の養生を兼ねて静かに読書したり、物を書いたりして暮らして見ようかと考えても見たりした。／ところが極めて突発的に偶然の機会が来た。それは最近に旧労農党乃至は無産階級陣営の左翼と目せられる者に対して大弾圧が下されるという噂が手に入った事である。三月十五日の弾圧は、吾々の自由と貴重な多くの時間と、随って又物質的な損害と、その上吾々の肉体上にも甚だしい苦痛を与えたが、それでも気候が悪くなかった為めに健康を害せられることは比較的少なくて済んだ。

然るに最近に来るべき弾圧は大典（天皇即位式）の予備検束を兼ねたもので、期間も相当永引くかも知れないという噂だ。今の健康状態ではとても対抗力がないことはわかっている。此の貴重な人間一人をそう度々無遠慮に拘束され、苦しめられてはたまったものではない。けれども奴等は理屈は抜きだ。権力の名の下に暴力を行使する術を心得ている。「認定」と称する魔術で、あらゆる残虐を敢行するのだ。こんな時には敏捷に身をかくすより外に道はない。

それには二つの方法があった。そして其の撰んだ道は、静かに読書したり物を書いたりしつつ、傍ら胃腸を徹底的に癒す工夫をすることであった。今のように支配階級、被支配階級の衝突が尖鋭化しては、こんな弱々しい身体ではとてもつづかない。健康こそ最大の武器である。正しい理論を闘いとる為にも、理論を遂行する期間としても。こんな理由から急転直下的に塩田生活が展開された。

噂を聞いたのは七月二十九日頃だった。弾圧の期日は八月早々と聞いたから、すぐ翌日にでも出発しようかと思ったが、一日延ばして七月三十一日夜、正確には八月一日の午前一時半と決定し、下関行列車に乗って姫路に下車し、夜明けを待って自動車で直行することに決めた。女中や金君には勿論のこと、近親の者にも行先は登山するのだからで絶対に知らせない事にした。

さて滞在中の計画は随分いろいろあった。読書については一定の方針を立てなかったが主として歴史的な研究をすること。此の間中から思い立った朝鮮鐘の研究を多少でも進行すること。大正十二年の旅行記を纏めること。此の間の九州旅行日記をまとめること。付近の史跡を踏査すること等々であった。

大トランクには主として書物が詰め込まれた。クロポトキン「革命家の想い出」、「資本主義の安定から危機へ」、「東洋歴史講座」十二冊、「雲崗大石窟」、「播磨鑑」、「播磨史談会誌史」、「日韓上古史の裏面」三冊、「石城誌」　是等の書物の外には二、三枚のシャツ、ズボン下の着替え等、小トランクには若干の本の外に滞在中整理すべき商用書類等で満たした。

昭和三年八月一日午前〇時三〇分！　亡命の旅の首途に上った。上筒井終点から市電に乗ろうとして、停留所まで妻は見送って来た。『失策った』と思った時には、もう遅かった。電車の前に立った時には、目の前に葺合署のスパイ影山が立っていた。

はじめ白服の男の姿を見た時には影山に似たような男だが違うのかなと思って、少し気を許して近寄ってみると向こうから眼敏くこちらの姿を見つけて、

『やあ！　君何処へ！』と訊いた。

『山へ』と答えた。

『山へ？　今頃から何処の山へゆくんかい。まさか六甲山や摩耶山へ、行けやすまいし』

『日本アルプスの方へ行くんだ、僕が山へ行くのにちっとも不思議なことはないじゃないか』

『君には尾行がつかんならん筈や、山行なんてうそやろ、ほんまに何処へ行く？』

『しつこいな。山ったら山ぢゃないか。君もいっしょに連れて行ってやろか』

『ほんとかい。何時帰る？』どこまでもスパイだ。腹の底までも。

『何時の汽車に乗るんだ？』こいつには僕もちょっと参った。もう十二時を過ぎてから信州方面に向かうような列車は、一台もありゃしないのだから。

『東京行の列車がある筈や』といったが、僕のまず

1920年代の神戸駅（上筒井駅）
：阪神急行電鉄（現阪急）

い誤魔化しは利かなかった。影山は時間表を取り出して、電灯の明かりで眺めた。妻も当惑そうに、此の問答を聴いていた。その間に電車は二、三台発車した。折悪しく神戸駅前行は来ないで、その中の二台ほどは布引車庫入りであった。

『タクシーにしましょうよ、もう遅いから』と、妻はいらいらしている。影山は聞く、『奥さん、ほんとうに何時行です?』と。妻も山登りに出かけるのだと主張した。しかし此の服装ではちょっと誤魔化しが効きにくい、と僕は内心で思った。

時間表を眺めていた影山は、もう是から行っても、上り列車は一台もないことを言明した。僕も、それは意外だというような顔つきをして、『汽車がなけりゃ、もう仕方がない。ぢゃ明日の朝にしよう、さぁ帰ろう』と、妻を促してすごすご引き返した。

『六丁目から乗ってやろう。しかし此の荷物では、挙止がとても面倒だから、荷ごしらえを変えてもっと身軽に出かけよう』と、急角度の方向転換を計画した。

一旦、宅に引き上げて驚く女中に、『汽車の時間がなくなったから、身軽で出かけるのだ』と言いつつ、手早く大トランクを解いて書物を出し、その中の衣類だけをリュックサックに詰め込んで二分と経たない中に再び出かけた。

スパイの野郎があとからつけて来るような感じがしてならなかったが、六丁目からやっと都合よく終電車に乗り込んだ。妻も淋しそうに、然し又、此の機敏な動作に凱歌を奏するようにして見送った」。

「午前一時三十一分兵庫駅発の列車の来るまでには、三十分許りの時間があった。その間にも、そこいらへスパイが来てはいないかと思って、見廻した。というのは影山が、今夜は或る刑事事件で終夜、見張りをするのだと言っていたから。

影山の言ったことを、別の意味から考えてみると、今夜同志達の神戸からの脱出を防ぐ為の見張りかも知れない、若しそうとすれば弾圧の着手は八月のはじめと聞いたが、或は明日早くかも知れない。今夜の亡命は前もって機宜を得た処置かも知れないと、心の底に冷たい微笑を浮かべた。然しこんな事はみな平家の水鳥かも知れないと、思い返しても見た」。とにかく、これで「一時三十一分の下関行列車は僕の空想の当否に頓着なく、勢いよく駆けて来た」。姫路駅着は深夜であり、駅前旅館を起こして泊り朝を迎えた。宿と隣り合わせに自動車会社があって、塩田、前の庄経由山之内行に乗れた。

「二人の婆さんの間に乗せられて、格別話相手もなく、只時々地図と外景とを対照しつつ、僅か五十分の中に塩田に到着した。（中略）自動車を下りると、リュックサックに小トランクをくくりつけて背負い込み、徒歩で東の小さい谷の方へ入って行った」「温泉があるのは左の方の宿だと聞いていたので、堤を辿ってその宿に着いた。上山旅館というのだ。

『部屋が皆、詰まってますので、えらいむさくるしいとこですけど、又空きましたら、代わってもらいますさかい辛抱しとくなはれ』と断りつつ、お女将さんは女中に案内させた」。古家は、「成程余りいい室ではなかった。しかし周囲には樹木がよく茂り、一方は中庭を隔てて…赤松などの繁った小峯と相対して、如何にも山中の温泉宿らしい気分に富み、格別不快な感などは起こらなかった」、「服を脱いで一休みするとすぐ湯に入った。湯にはお百姓らしい老人や青年が二、三人漬かっていた。…老人の一人は書写山の西麓だそうであり、もう一人は神崎郡福崎村であり、三十位の青年は印南郡西神吉村宮ノ前だということだった。…是等の人々とはすぐに心易くなった」。

福崎の老人とは常福寺の瓦経、永福寺住職・阪本某の話題をぽつりぽつりと聞いていた。「老人は福崎村には今、村政紊乱問題が起きて、村税不納同盟のような事件が起きている事なども話した。そんな事から青年政治ゴロ藤尾宗吉の話なども出た。藤尾はやっぱり相変らず、「政治ゴロや悪徳新聞記者のような事をしているらしかった」。昼食後、女中の会話から大杉信夫が泊まっていることもわかった。「大杉信夫というのは僕にとっても、耳よりの名だった」「…僕の再従妹の婿に当たる男で、去年剣坂の叔父の葬式に…いっしょに休憩して、神崎郡の水平運動の状態なんどを話していたのでよく覚えていた」。古家は大杉に、女中を通じて面談を申し込んでおいた。

「此の宿には随分いろんな人間が集まって来ることから、話題は随分面白く発展していった。（中略）それから社会主義者も来るという話が出た。此の間も関西大学の教授（或は講師かも知れない）辰巳経世が来て、襖に英語でいろんな事を書いて行った。その主なものはソビエットロシアを賛美したものだの、社会主義を謳歌したものだのである、というようなことを大杉さんが言っていた」と耳にはさんだ。古家は、「女中の久ちゃんが宿帳を求めてきたので（加西郡）垂水村一三三番地　著述業　内橋一真と書いておいた」という。

塩田温泉での古家実三によるスケッチ

「夕食後、前の池の周りを散策した。池の対岸から、宿の背後を眺め得る適当な場所の太い赤松の切り株に腰を下ろした。眺めに入る限りのすべての自然は、全く歓喜に溢れる程果てしない深さをもった観照の対象と、しなやかな赤松によって飾られた小峯、池水に影を映した桜の老樹、巨人の如く立って動かない全身苔の樅の大木、ほとんど池の全面を蔽う緑の藻草、谷を埋める生気に溢れる杉の若木、宿の軒端に淋しく咲き残るあじさいの花、小店の隠居が丹精こめて作ったらしいしだり鶏頭の花、野趣豊かな玉蜀黍の畑、牛蒡の葉、黒く膨らんだ桑の木の葉、すべては生の喜びに輝く自然の姿である」。その周りを逍遥して、「『寔によくこそ我は来つれ、何ぞ来ることの遅かりし』と、塩原の景を賛美した金色夜叉の貫一のように、恍惚として法悦の境に」入っていた。こうして古家「亡命生活の第一日は過ぎた」。

　第二日「二度目の湯に入って、店の方に出てみると新聞が来ていた。床次竹次郎が民政党を脱党して新党を組織しつつあるという問題が最大事件として第一面を賑わして居った」。それが民政党の分裂によって、田中政友内閣への助け舟であることは見え透いており、「此の日は湯の中でも座敷でも、話題は床次に対する攻撃の声で満たされていた。客の大部分が田中内閣に不満を抱き、床次に対して憎悪を感ぜないものはなかった。是等資本家の犬どもに対して、国民の誰もが信頼も尊敬も持っていない事は、こんな山間の農民に於ても見ることが出来た」という。

この日、古家は「(クロポトキン)『革命家の思い出』をはじめて繙いた。…露西亜の一八〇〇年代の社会状態がよくわかる。如何に不正な不合理な制度が、さも正しい制度であるかの如く　又当然の理由でもあるかの如くされていたかということを知って、戦慄しない者はないであろう」と、共感している。読み進むにしたがって、「此書の有難味は頁毎に加わった」とし、「クロポトキンの趣味の深さと、すべての自然科学に対する該博な智識を獲得していく経路が次第にはっきりとわかる」とのべ、別の日には「クロポトキンの地理学者としての活躍ぶりが鮮やかに描き出されている」ことに注目した。次に「『西欧の初旅』の項を読んでいる。一八六〇年代、即ち反動時代の露西亜の状態が手に取るように描かれている。あたかも此の頃の日本のように暴圧の嵐が荒れ狂っている有様だった。

(そこには)年配の急進思想家が暴圧の嵐に吹きまくられて安全地帯に避難する、その心理(が見られ)、三十代以上の人々が、二十歳代の猪突猛進的な革命主義者との間に溝渠が生じて協力を欠くに至った当時の思想的分野(が描かれていた)。そうしたものが今の日本にそっくり似ている」と古家は読解した。

第一〇日、「今日も一所懸命で読破した。クロポ

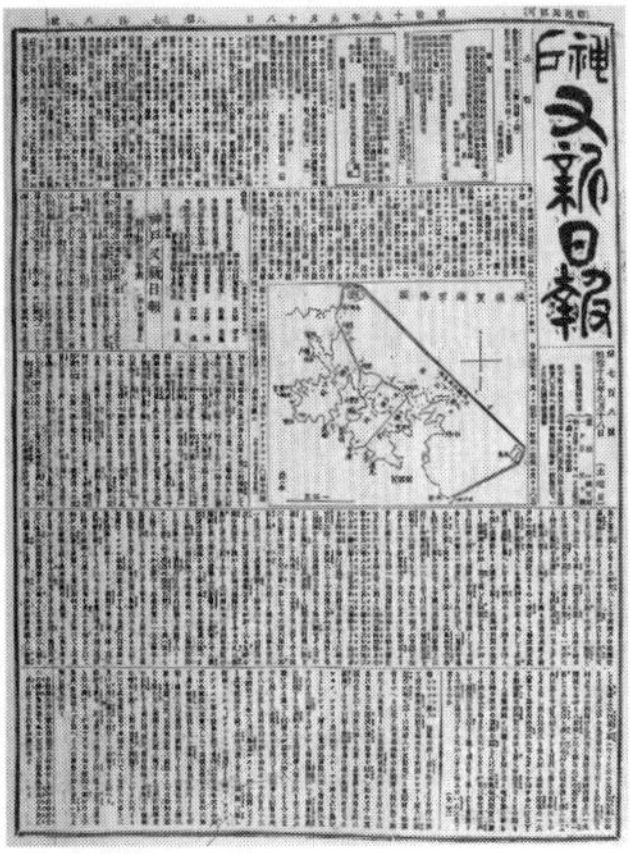
神戸又新日報

当時の神戸又新(ゆうしん)日報

トキンの西欧に於ける生活が、極めて興味深く読まされた。（彼が）『相互扶助論』を書くに至った動機も面白いと思った。天文学に興味を持ったクロポトキンの兄の人格も、何となく親しみを感じさせる。けふの頁の中には悪むべきスパイの、実に卑劣極まる行為がこっぴどくやっつけてある。痛快であり、腹立たしくもある」と、この日を結んでいる。

古家が「亡命」と名づけた湯治生活の間にも、情勢は急転回しつつあった。八月六日には神戸又新日報が、「神戸の無産党結党準備成る。これに先立って宣言、綱領、政策を発表」するとした報道がこの温泉宿にも伝えられた。同記事は「旧労働農民党解散後、神戸市では旧同党系の二派が新党樹立運動を起こしつつあったことは、既記の通りであるが久保町一丁目忠田氏を中心とする一派では、最近準備全く成ったので五日午後六時から湊町一丁目酒醤油組合事務所に於て結党準備会を開くこととなり、同時に左の意味の宣言及び綱領政策の草案を発表した。

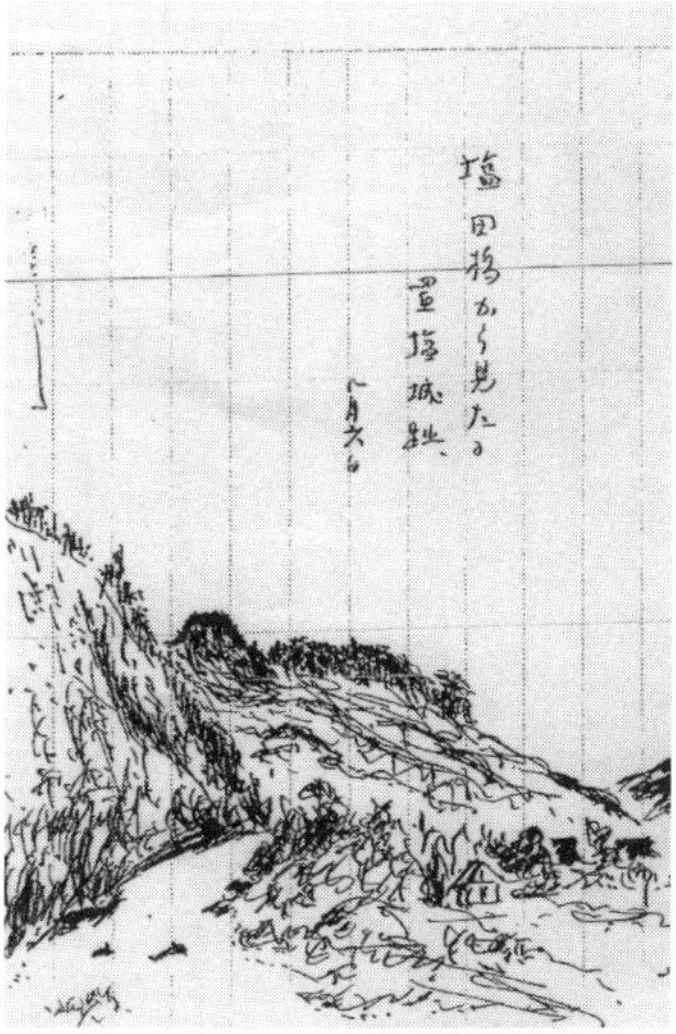
古家実三による置塩城跡（城山）のスケッチ

宣　言

党名を兵庫県大衆党とし、県下労働者農民俸給生活者小売商人の利害を代表し、有産階級のみの利害を代表する既成政党を打破し、政治、経済、社会各般の制度施設の改革を断行し、資本主義の桎梏に対し無産階級の生活権を確立するを以て、目的とする。しかし本党は暫定的のものであるから階級的全国単一政党成るの暁には、即時解散して是に馳せ参ずるものである。

綱　領

一、吾党は合法的手段により不公正なる社会制度の改善を期す。

二、吾党は合法的手段により無産階級の生活権の確立を機す。
三、吾党は全国的地方的各無産政党合同の実現を期す。

政　策

○普選法の改正　○言論出版結社集会の自由　○無産階級運動取締各法令の改廃　○生活必需品の消費税及び関税の撤廃　○工場法、鉱業法、船員関係法規の改正　○国民外交の確立　その他十数項目」とあった。

これにたいする古家の論評はなにものべられていないが、心揺さぶられるものがあったにちがいない。しかし同日に、「聞くところによると神戸の西部では、又総検束が行われたそうだ。何の為に、どんな問題に依って、こうした暴圧が繰り返されるのか、原因は一切不明らしかった」としており、古家には熟考を要する事態であった。

そして八月一三日には、不意に、加西郡の同じ村に居た岩本勘兵衛という男が転がり込んできた。翌日、その男の案内で元国民党の老政治家、名倉氏を訪問する廻り合わせになった。「此の名倉老人のことは宿の主人の口からも聞いて居た。権門に阿（おもね）らず、民衆に驕（おご）らず、極めて謙虚で又極めて痛快な老人である事等を聞かされて居ったが、何よりも僕を引きつけた事は、その老人は代議士時代・県農会長時代を通じて、真に自ら鍬をとって働く農民だったという一点にあった」「名倉老人は青年の頃、既に国会開設運動に奮闘したという古い歴史を持っていた。彼の政治運動は国民党の没落と共に終りを告げたそうだが、その間始終尾行されたものだそうだ。『議会に出るのに何時も木綿着物を着ていたのは、田中正造とわしとだけやった』と、老人は得意そうに語った」。

その場にいた岩本は、「僕個人に対する親切から、『国家や社会の為と思うて、自分を犠牲にして働いて見ても結局それは、何も、国家の為にも社会の為にもならず、そして悪くすれば自身の破滅に終ることが多いのだから、自身に忠実である方が賢いということになる』という意味を繰り返して忠告した。老人は、『わしも政治運動はやっても、自分の根城だけは潰さぬように保って来たが、自分の友人や同志の中には、家も財産もなくして随分惨めな晩年を送ったものがある』と述懐めいた調子で話していた」。

古家はここで、次のような史実を追加している。「義民甚兵衛の痛ましい最期と、その死後に到っても墓さえ公には建てることも出来ないで、やっと経塚の形で残されはしたものの、奴隷道徳の典型・赤穂義士がやかましく世間で騒がれても、播州にさえ義民甚兵衛の名を知るものすらないという事実を思うと、老人のいった言葉が思い出されて今も寂しい気がする（九月四日手記）」と記した。ここで古家がいう義民甚兵衛とは、一八世紀に姫路藩を揺るがした農民一揆の主導者、「播姫太平記」一三巻（著者不明）の主人公である滑（なめら）甚兵衛のことを指している。

八月一九日雨後晴れ、古家は、「昨日の続きの榊原式部太輔の碑銘を…書き終った。午后急に思い切って帰途についた。雨後の夢前川は勢いよく流れていた」。こうして『塩田温泉記』は終結することになる。なお、それには「（此文八月九月中多忙で執筆の遑なく、やっと十月十二日に至って完結した）」とする註が付されていた。

三　労働農民党再建運動と引き続く政府弾圧

四・一六事件

塩田温泉から帰った古家は、九月三日に始めて兵庫県三・一五事件の解禁記事を眼にした。この数日に、親密な仲間が連続、来訪して懇談を重ねたが、新しい運動方向を模索しながら店番をしている状況の古家は、古書陳列即売会の準備に余念がなかった。即売会には三五〇点の出品を予定していた。

「日記」には一〇月二四日、「東京に於て、旧労働農民党代表者会議が開催され、神戸から兵庫県を代表して木村錠吉、古家実三両名出席。木村老人は弾圧を避けるため三十年来、外出には必ず用いてきた洋服をやめて、着物、羽織の姿で関西線、中央線即ち大阪―奈良、亀山、名古屋―木曽、甲府―東京の線に依って上京。自分は東海道線で上京したが、各府県を通過する毎にその府県警察部特高課のスパイが尾行して引き継ぎを行った。代表者会議は廿四、五の二日間に亘った。参加者は約二百五十名位であったと思ふ。

（此項、昭和廿八年八月一日記憶により追記）

代表者会議の会場は今記憶しないが、山手方面の公会堂か何かだった。会場には、帽子のあご紐を掛けた警官百余名が代議員席の列の間に物々しく立ち並び、警視か何かが指揮をとっていた。併しこれまでの注意！「中止！」の連続に反して、一言の注意もなかった。

会議は元委員長大山郁夫氏の痛烈な表現によって開会の辞が述べられ、続いて各府県代表は血を吹くような凄い調子で情勢報告が行われた。三・一五事件以来はじめての全国的会議だったので、支配階級の野蛮な弾圧に対する痛憤の表現である。党の再建（合法性を持つ労働農民党の継承）を約して散会した。此の会議に最も印象的だったのは、樺太のエストルから同志に伴われて上京した木村といふ盲目の老人だった。木村老人は切々としてエストルの苦しい闘争を述べて猛者連を涙ぐませた。

昨夜は（翌年には山宣遭難の遺跡となる）神田光栄館に一泊し、廿六日の夜行で東京を立って今日午后　時三十分三宮に帰着した。

以上の記事は当時の手帳の覚書（極めて簡単なもの）に依り記憶をたどって、昭和二十八年八月に認めたものであるが、その直後に古い報告書の写しを発見したから、改めて（その）全文を記載し、記憶の誤謬を訂正する」として、次に移る。

「兵庫県代表木村錠吉、古家実三から新党組織準備会但馬支部に送った報告書

御通信確かに受領拝見致しました。孤塁を死守して日夜御健闘の由、御察し致します。全国代表者会議も非常な盛会で、勿論多少は官憲の弾圧もありましたが、全体としては却って地方の集会よりは穏当で、代表者の検束等は一、二人あった位でした。

かくて予定の日程通り議案を議了して二十五日午後七時半、『代表者会議万歳』を三唱して散会いたしました。詳細はプリントにて後日報告いたします。

昭和三年十月廿六日
新党組織準備会全国代表者会議兵庫県代表
古家実三

木村錠吉
新党組織準備会但馬支部御中

第一日　十月二十四日
午前十一時開会
一、細迫書記長、悲壮な態度で開会の辞を述べ、議長として大山郁夫氏、副議長奥村甚之助、上村進氏を推薦、満場一致可決。
書記長任命、細迫兼光
書記任命、小林、長岡、島、奥村、亀井外
一、代表者歓迎の辞　東京支部聯　某氏
一、資格審査委員任命　委員長・中田君
議案審査委員任命　委員長　大阪・大橋治房
一、祝電　北海道旭川支部、但馬支部、山梨県某氏、大阪・前川正一、新党組織準備会大阪府支部聯合会、全国農民組合兵庫県聯合会、京都・河上肇、鹿児島県支部聯合会、新党香川県聯、新党東播支部、富吉栄治君、全農本部・藤原、那須君、新党新潟県支部聯、神戸俸給者組合
一、祝辞朗読　兵庫県淡路合同労働組合、朝鮮某団体（中止）、新党本庄市部、全農千葉県聯、検閲制度改正同盟、新党福島県支部聯合会、救援会、関東金属・寺峰君（中止）、全農新潟支部聯、前無産者芸術聯盟（中止）、議員団代表山本宣治（口述）、東京地方自由労聯、戦争反対同盟（中止）、朝鮮労働組合、朝鮮青年同盟（中止）、市電協同会、東京合同労働組合
一、議事進行係任命　京都・神田兵三君
一、議案委員会報告　大橋委員長。全部の議案採択と決定
一、資格審査委員長報告
支部及び支部聯合会代表　四十七名
支持団体代表　二十九名　計七十六名
以下はプリントに譲って省略したるものか、又は以下の部分を紛失したものかは不明である。（昭和二十八年八月七日追記）
右執筆の翌日、日記録を探した結果、昭和三年

十月、十二月頃に亘る所謂新党組織準備会時代の稍詳細な記録を発見した」とあるが、「稍詳細な記録」なるものは発見できていない。

その後に神戸燐寸工組合争議、その組織運動を支援したり、国際的な労働組合の右翼幹部であるトーマ来朝反対に参加し（一一月）、また「大同、龍門、天竜山等石窟の保護に就いて、日中友交クラブの名に於て三沢三蔵君と相談して、自分が（趣旨を）起草して」、大学教授、博物館、中国政界の要人に訴える文書を郵送した（一一月末）」。

旧労農党神戸支部事務所で、前記の新党再建をめぐって古家ら七名が第一回準備会を開いたのは一二月四日であった（木村錠吉、深江檄、古家実三、阪本福蔵、住吉礼一、鳥越巌、他一名）。第二回常任幹事会では演説会の準備、第三回では一二月二二日から二四日に東京で開かれる新党「労働者農民党」結成大会への代議員を選考した。しかし新党結成は再び禁止命令に遭って、この年は暮れた。

昭和四（一九二九）年が明けて店を開いたのは一月四日であり、「僕は終日店番、店の飾りを変えたり、古典会行の和本を撰りだして荷造りする。店の成績は悪くもなかった。『古寺巡礼』『芭蕉句選』『百済観音』『万葉叢書』を一人で買って行った客があった」。五日頃から旧友が相次いで来訪する。

一月九日、これら旧友との「雑談数刻。（党）中央部の指導方針の過りに対して、略同意見」とあるが、詳細は不明である。この頃に古家は与謝野晶子女史と書簡を往復して、歌論を交わした。数日後には、「兵庫区島上の浜福という料理屋における『加西郡人会』発会式に出席」して、「僕も幹事の一人になったので非常に便宜を得ること事になった」と記している。

一月一七日から二月一五日までは、例年の如く中学校教科書及び古典籍の買付に西日本各地を歴訪した。岡山、広島、山口で旧知の古書店を廻り、

中国・山西省・雲岡石窟と大同

『木曽名所図会』『西洋道中膝栗毛』『大日本交通史』『駅逓史稿』『ドイツ版アランビアナイト』などを買っている。一月三十日は福岡で、「国貞、国芳筆の版画の一寸おもしろいものを十五、六枚買って来た」とも言っている。これらの商品の荷造りにも、ただならぬ労働と気配りで白雲堂へ直送した。

二月に入って久留米から佐賀に廻り、「冬枯れの木立に包まれた佐賀在の農家はうら淋しそうだが、そこには無限の情趣が籠っている。此辺の情景は日本の農村中でも僕の一等すきな地方の一つである。…特にゆったりと大きくやわらかな線を描いて聳えている天山を背景として、次第にゆるやかに下ってゆく高原風な平野に点在する藁葺屋ばかりの農村のたたずまい、落木の梢に大きな毬のような鳥の巣、すべてのものが地方色の豊か」なことを賞玩していた。

帰宅したのは二月一五日で、「此の旅行一月十六日から本日まで三十日、購入の教科書一千七百四十七円八十銭、一般書六百七十九円十銭、合計二千四百二十六円九十銭」を決算し、旅費総計は二百四十六円八十八銭であった。これを二月一八日からの大阪・日本橋四丁目の古書倶楽部で開催する「教科書市」に持ち込んでいる。展示場の位置がわるくて「大損をした」と言っていたが、挽回はしたと思われる。

他方、社会運動では、個別の活動家が切迫した事態に襲われていた。二月二六日、「県立病院に近江長五郎君の病気を見舞った。長崎から父親も来ていた。父は昔気質な極めて純朴らしい老人であった。…此の老人は近江君の外に男の子を持たず、近江君許りを頼っていたのだ。三木花さんが

与謝野晶子

きていろいろ病人の面倒から、父の飯炊きまでして甲斐々々しく働いて居るのを見ると涙ぐましくさえなった」と記している。

短文であるが、その背景には、事情を知る者には深い含意が読み取れる難局であった。近江は三・一五事件で収監され、胸部疾患で苦しみ、仮釈放と再入獄を反復していた。生活は救援会と刷新会の支援にたより、生の玉ねぎをかじっていたという。(救援会・黒沢正之談) 三木ハナは、三・一五事件被告の広畑惣太郎と母の療養を扶けていた。

この他にも古家は、三宅右市と結婚した東ハツの相談を受けていた。それは一面では、獄中で三宅がハンセン病を発症したことであり、他面では松田誠(実名は佐野楠弘)からの共産党再建運動への連絡問題であった。

三月三日「日記」は、「農民組合大会第二日、山本宣治君が議会報告演説を行ったことなど」を、前日に傍聴した岸本邦巳から聞いていた。そして三月六日、「朝、妻が突如として新聞を示し、『山本宣治氏が、東京神田の旅館光栄館で凶漢に襲われ惨殺されました』と伝えた。

三日の農民組合大会における議会報告演説中に、『私は一人でも淋しくありません。背後には沢山の労働者農民がついていますから』という名文句を述べてから幾日も経たないのに、この惨事を見るとは何事であろうか。政府の廻し者だ。それに違いないと直感した」と古家はいう。

付言すれば古家のこの直感は、少なからぬ当時の有識者に共通の感想であった。なぜなら、この時山宣が反対演説を決意した議案というのは、前年衆議院で審議未了、廃案となるはずの治安維持法改悪案であり、それが緊急勅令によって復活させられて枢密院を通過し、改めて衆議院、今議会で事後承認を求めるものであった。これに対して山宣は、国家の主権は国民多数の意思であると堂々と宣言し、天皇制と正面から対決する姿勢を明確にした。この弁論は当時において政官界、軍部を震撼させるものであり、文字通り生命を賭けた勇気ある言論であり、犠牲となることを辞さない真理にもとづく行動であった。

本論に立ち返って九日朝、古家宅には、「大衆党からの使者（失名）が岸本君に伴われて来訪、阪本君も来訪。山宣の追悼について打ち合わせの為であった」。三月一〇日「大衆党の山宣追悼会は官憲によって弾圧された。この追悼会の催しについては（東播から）河合義一君も相談に来たのだった。この時、僕は『神戸に於ても是非やるべきだ』と述べておいた。併し自分自身は教科書市（市の運営）で多忙を極め、何の手伝いも出来ない有様である」と自認していた。

この問題が具体化するのは三月末になり、二九日に「三沢三蔵君来訪、大山氏を迎えて山宣追悼演説会を神戸で催そうとする計画を協議した」、三〇日「山宣追悼会のことは確定した」、三一日「演説会の準備として山宣の議会における演説の速記録を略研究し終った」としている。同演説会の実情についてはなんの説明もされていないが、四月一日「午後六時半に大山郁夫氏三宮駅に到着し、下山手通り基督教青年会館において故山本宣治氏追悼大演説会」を行った事実は、厳然として記録に留められた。

刺殺された山宣とその現場を報道する当時の新聞

［四・一六事件］

この年四月には全国的に市町村議選が施行され、「古家日記」四月一〇日は神戸市議選に立候補した木村錠吉の活動を伝えている。「夜、御蔵通七丁目坂田君宅で木村錠吉君の政見発表演説会が催された。…今夜が皮切りである。梅野宗行君が司会者となり、応援弁士としては今吉一雄君、赤松勇次郎君、池田義雄君、森口新一君、三木はな君、僕に木村という顔触れだった」。演説会の日程は二四日まで続き、古家は「十五日までは参加したが、偶々十六日に所謂四・一六事件の大弾圧によって、参加を阻止されてしまった」としている。

「日記」四月一六日には「(計画していた) 奈良、薬師寺への慰安旅行は、思想検事の大袈裟な家宅捜索によって蹂躙された。検事は書記やスパイや泥刑たち十数人を引き連れて、寝込みを襲った。僕は葺合の刑事二人に護られて、自動車で水上署に送られた。又しても某重大事件の被疑者というわけらしい。

六号室の独房に投げ込まれて、永いながい一日を憂鬱の中に送らされた。どの部屋にも同志らしい者は居そうになく、何の問題がどうなって居るのか見当もつかず、じれったい事此の上なしだった」。

四月二一日「もう取り調べがある頃だと思っているのに、今日もとうとう何の沙汰もなく過ぎ去った。僕は相変らずダンスと歌謡と、壁画かきとの一日を送った。今日はすばらしい婦人の壱躯が出来上がった。歓喜勇躍にたえない程芸術的な興奮を感じた。

しかし山宣の事を想い、とらわれゆく同志の事を考えると、センチメンタルな気持ちになって時々涙ぐまされ、時には嗚咽を起こす事もあった」。

四月二二日「正午前に県刑事課へ引き出されて、取り調べを受けた。水上署へ僕を連れてきた刑事は頗る凶暴な奴で、吾輩を捕縄で縛って行った。高溝という巡査部長が一応調べたが、此の男は割合に人間らしい男だった。言葉も丁寧だった。(取り調べは) 勿論問題となる程のものはなく、只 (東) ハツさん宛の書面が白雲堂あてで来た事が問題となっていた。それらの書面が共産党の機密文書だった事を刑事に聞かされる迄は何も知らぬ程、僕は迂闊だった。阪本警部というのが改めて聴取書を作った。再び水上署の洞窟に帰された」。

四月二三日「今日は出すかも知れない。若し出さぬとしたら、明日はきっと出すだろうと楽観していたが、とうとう出さなかった。壁画は略完成した。相変らずダンスと歌謡と静座の一日。洞窟内の仙人気取りで、釈放されたあとで壁画がつまらぬ奴等の手によって汚辱されるのが惜しい気がする」。

四月二四日、昨日に雑居房に移動した形跡があり、「朝洗面後、石田 (同室者) から「講談倶楽部」を借りて読む。植田は僕に『今日はどうやら指紋や写真をとって出すらしいぜ』と私語いた。午后、指紋と写真を高等室でとられた。…もう釈放する頃だと思うのになかなか出さない。あまりにじれったくなったので、大声で怒鳴ってやった。『六房の古家だ。用があるから北垣署長一寸ここまで来い。いったい何時になったら出すつもりだ』（と叫ぶと）、高等課の本田があわてて下りて来てドアを開いた。『そう、やかましゅう言わいでも、出す時が来たら出すのに』と、遂に釈放。（復帰第一声は四月一日の）大山氏等の演説会は、非常に盛会だったそうだ」と確認して、これをもって古家に関連する四・一六事件は終結した。

付記　約九日間、水上署に拘留されていた古家には四・一六事件の全貌は不明であったし、兵庫県社会運動史上にも詳しくされていない。それを補う意味でいささかの注釈をここで加えることにする。当時の神戸又新日報によれば、

「神戸では『三・一五事件』の大検挙で共産党通となった中村（敬之進）本県特高課長は神戸地方裁判所検事局思想部検事、内務事務官、警務官等としばしば会見し、神戸における党員の検挙計画をめぐらしていたが、四月十五日午後四時警察部長官舎に各関係署長を招集し、最後の打ち合わせを行い全く準備を整えた。かくて『十六日午前五時を期し一斉検挙に移るべし』との本省指令を受けた総勢二百三十名は（中略）判検事五隊に配され、十数台の自動車に分乗して疾風的のいわゆる『暁の手入れ』に着手し、三十五名の関係者検束と十八ヶ所の家宅捜索を行い、党員推薦状、工場新聞等の証拠物件を押収した」。

「…大阪市内の某所に潜伏して神戸地方の党員の組織に任じていた巨頭佐野楠弘を、検挙の翌日、即ち十七日午後三時…党員十三名と残余の一味二十九名、総計七十四名をことごとく検挙するにいたった」としている。

神戸地方党再建グループは一斉検挙の後に法廷闘争に移り、予審を経たのち昭和五（一九三〇）年一〇月二日に第一回公判が開かれている。裁判は不法に「安寧秩序を乱すおそれがある」との理由で非公開にされた。「古家日記」同年一〇月一七日によれば、公判非公開のために古家は行かな

かったが、警察関係者は傍聴したらしく、後日、葺合署特高課員ら三名が私的に来たという。

「それによると公判最後の日、鳥越が共産党の中心スローガンを変更しない限り、何時まで経っても共産党は合法性を獲得出来ないから、あのスローガンは撤回すべきだと言ったのに対し、佐野楠弘君は陳述の際之に反駁を加え、日本の国家の起源から説き起こし、歴史的に解剖批判し二時間に亘って滔々とまくし立てたそうだ。影山（署員）の曰く、とにかく三・一五、四・一六を通じて佐野は一番しっかりしていたと」語ったという。特高警察のいうことを真に受けるわけにいかないが、佐野の奮闘状況は古家も認めたと思われる。本名佐野楠弘は、労農党内で筆名松田誠で知られていた。

治安維持法改悪で弾圧を繰り広げた田中内閣

第六章　新労農党の結成

一　古書買入の再開、地方巡礼

薬師寺、（左から）東塔・金堂・西塔

昭和四（一九二九）年四月二四日、水上署から釈放を得た古家は、検束直前に予定していた奈良・薬師寺への慰労会を実行した。「薬師寺は一昨年の新緑の頃、岸本君、藤田君、吉田栄吉君等と共に、何れも家族連れで遊んだ印象が特に深く残っているが、時の流れは是等の同志にいろいろの変化を与えた。／吉田君夫婦は離別し、藤田君夫婦はその後東京に去り、僕たち夫婦には可愛らしい子供が成長している」（「日記」五月一三日）と回顧している。

一両日を興福寺、法隆寺、唐招提寺を清遊した後に、本業の書店主に立ち返った古家は、福井、石川（金沢）から北陸、東北へ古書収集の旅に上った。この旅行から帰宅したのは六月一六日であり、次のように歴訪の成績をまとめている。「今回の北陸、奥羽旅行は日を費やすこと三十四日、旅費百七十一円余におよんだ（米価に換算して十一石余）。この旅行は近来の大旅行であったが、黒部川渓谷跋渉と東北の名山蔵王山登山とは大きな収穫であり、又新潟県山形県の社会運動の現状を親しく視察し来って、大山委員長に左翼合法政党の再組織を極力進言して、遂に新党組織の提案の動機を作ったことは、是非の如何は別としても忘れることのできない記録であろう」（「日記」六月一六日）としていた。

営業成績から見ると、六月下旬に催した古書市の「売上高は一千六百円、此の中外部からの出品が五十円、今回の旅行中の買入品中から千百五十円、以前の所蔵品が約四百円に登った。点数は外部のものの外に又広島の荷物が加わったので千点に達した」とし、続いて大阪古典会にも出品して、集約すると相当な収益であったと思われる。

今回の北陸、東北地方巡歴をもう少し詳しく見ると、金沢で池善、石久書店、新潟で斎藤書店、鶴岡（山形）で阿部久書店等と旧知の間であったが、店舗や経営者の変化に思い知らされるところが多かった。

池善は「明治末期、大正初期に比べて和本は全く貧弱になっている。老主人亡きあと鑑識力をもった後継者が得られなかったためであらふ」「石久書店も先代とは打って変わって貧弱な店になってしまった」（五月一五、一七日）という。

山形でも「鶴岡に着いて古いなじみだった阿部久書店を訪ねたが、先代なきあとは若夫婦で経営しているもののすっかり様子が違っていた」。このような業界の変貌は、古書蒐集の重要性の加重、円本普及状況や貴重図書絶版への対応強化に、古家自身も今後の白雲堂経営について熟考を迫られる思いであった。

もう一面で古家は、旅行中にも無産政党運動の情勢変化に接し、労農党解散命令以後の進路について模索するところがあった。五月一八日には「金沢滞在中、新聞によって目まぐるしく展開される世相を見せられた。その中、最も注目に価する問題は支那政局の一大変化である。広西軍の広東占領、曰く蒋介石対馮玉祥の問題である。馮は遂に対蒋の旗幟を明らかにした。国民党の名の下に一旦、統一された支那は、半年後の今日、再び分裂だ。

帝大、早大の学校騒動は、思想的な対立にまで発展したらしい。その何れもが思想善導反対、学生監排斥、授業料の値下要求等左翼の指導によって動いて居る事は確実である。（中略）金沢地方の或る新聞の如きは初号活字の大見出しを以て、早大問題の裏面に大山氏一派の策動があるというような事を書いている。

日本大衆党の分裂も亦、近来の痛快事である。右翼の平野力三は除名されて、全日本農民組合を率いて社会民衆党に合同を申し込んだが、（中略）辛辣に拒絶されたのは殊更痛快だ。日本大衆党は同時に旧大衆党の左翼分子鈴木、猪俣らの諸君十数名を除名し、実質的に旧日労党の昔に帰ってしまった」としている。

「日記」六月三日に古家は、「旧労働農民党系の井上乙吉を訪い、新潟県の情勢を聞いた。宅は大畑町監獄と行形屋（ゆきなりや）との間から浜に出る三軒目ときいて、探していくとすぐわかった。井上氏は五十歳位で元気のいい態度で、快く会っていろいろ話してくれた。新潟も三・一五弾圧、四・一六弾圧以来、やはり委縮していることは争われない事実である。（日農幹部の間でも）須貝快天は、大正十三年衆議院選挙に於て政友会に節を売ったとか。新潟県での真の左翼を守っているのは玉井準次氏だと聞いた」。

六月五日、古家は新潟、村上駅で下りて時間待ちに二、三種の新聞を買って読んだ。そこには容易ならぬ無産政党情勢が報道されていた。「旧労農党の左右の動き／一は潜行的に進み一は合法的政党を志す」をタイトルにして、「旧労農党が昨年末再結成を禁止されて以来、所謂幹部派は政治的自由獲得労農同盟を組織して合法政党奪還主義を放棄し、単に動員組織体として右同盟を持ち極左運動を続けつつあるが、官憲の峻厳なる取締と数次に亘る検挙とにより、その運動は数字的には漸次減少するに反し、実質的には益々純然たる共産主義運動と化し、潜行的となりつつある傾きがある。他方旧労農党の非幹部派たる「労農」一派は飽くまで合法政党を組織し、之が為には政策綱領等に於て多少の右翼化的粉飾も必要なりとなし、今や各地に於て地方的無産政党を結成しつつある。即ち労農大衆党（京都）、千葉労農党（千葉県）、岩手無産党（岩手）、大和統一無産党（奈良）、中国無産党（広島）等にして是等は日本大衆党の分裂を機として合同し、以て全国的無産党たらんとしつつある。殊に千葉労農党の如きは地方無産党全国協議会開催の提唱者となることを辞せずとなし、岩手県無産党は合同協議会召集されれば委員長の横田忠夫氏自身出席する意向を洩らしている。

而して是等地方無産党は、日本大衆党を結成した旧無産大衆党一派が日本大衆党にあって同党執行部たる旧日本労農党幹部に対して地方無産党の合同促進運動を続けつつ、地方無産党は戦線統一同盟を支持し、傍ら日本大衆党に合同申込をなさんとしつつある。之に対して日本大衆党が受け容れ難き情勢にあるので、結局各地方無産党が一応合同結成した後旧無産大衆党系は日本大衆党より分離し、茲に最左翼の無産政党を組織する運びになるであろうと観測されている。斯くして旧労農党の大部分は漸次合法政党としての最左翼政党に集まり、他の部分は非合法の労農同盟によって共産主義の潜行運動に走るに至った」と報じていた。

それ以後に山形から福島を歴訪した古家は、東京に廻って「大山氏夫婦と公私各方面に亘っておそくまで話し込んだ後、市内に出た。今夜は神田神保町光栄館（山宣の遭難した宿）に一泊した」記念すべき一夜であった（六月二三日）。当日の大山との懇談内容は「日記」に記されていないので窺がうすべはないが、以後の古家の行動に如実に反映されていた。

二　新労農党結成の準備過程

北陸、東北巡歴以後に、古家が合法左翼政党組織の行動に移るのは「日記」七月二三日に現れる。「赤松五百麿君、今吉一雄君来訪。合法政党要望論について意見を交換し合った」とある。当日夜、合同労働組合組織準備懇談会には二四、五人が集まり、古家は「今年になってから左翼の同志がこんなに集まった事は始めてである。合同労働の問題が片付いてから、政党問題について懇談した。僕らの意見には多少の反対者があった」としている。まだ政党と組合運動の混合状態が残存する時期であった。

「日記」七月二四日には、「昨晩の懇談会の空気では、合法政党反対論が多い傾向だった。僕一人が殆ど反対側の焦点に立って淳々と意見を述べた。とうとう（午前）一時になっても解決はつかなかった。（中略）あとで赤松君は僕を慰めるように言った。僕は自分の理論には充分の自信があるので、皆の反対論などは、毫も意に介していなかった。まあ、わかる時が来るに違いないと、高を括っていた。果せるかな、赤松君は或る重大な秘密を僕に漏らしてくれた。それは大山、細迫、京都の河上肇氏、大阪の小岩井氏、それから赤松氏の外に未だ誰一人知っていない程の重大な問題であった。左翼陣営の大方向転換に関したものだった」という。

赤松のいう「重大な秘密」とは「日記」八月八日で、次のように明らかにされる。「夜、春日野倶楽部に開かれた橋本ゴム争議応援演説会に出演。応援弁士は数名の朝鮮人の外は木村、三沢、森口、今吉、赤松等。今日の大阪毎日新聞に大山氏等の合法政党再組織意見書の発表されたことを報じているそうで、それが演説会閉会後同志の間に問題になった。反対者も中央の空気がかくの如く一転したので、賛成意見に変わるだろうと思われると観測していた。同じ記事は翌日、「大阪朝日及び神戸新聞に、何れも大山氏等の合法政党準備及び意見書を発表」したと報じた。

八月一一日、「都合よく赤松勇次郎君が、大山氏等の提案書を持って来た。三人で読む。討論が始まる。赤松五百麿君が来た。討議は愈々白熱化した。午后三時まで続行。しかし四人共、無論賛成論者である。天道（正人）も来た。今吉君、続いて滝本君がくる。問題は期せずして例の問題に移る。滝本君の云う所では、攝陽には反対意見が若い同志の間にあるとの事。近く東京から誰かに来てもらって質問したり、研究したりする段取りである。後、若い同志三人が此の問題について説明を求める。一時間半もかかってやっと説明」して

河上肇／新労農党機関紙部長であったが「解消運動」の急先鋒にたち除名された。

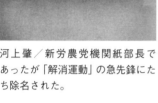

いる。

　八月一二日、「大山氏に通信。新党樹立賛成意見を。それから神戸の情勢について等々。県特高の堤来訪。松田君事佐野楠弘君や白井君のことをしゃべって行った」。古家が日記上で、旧労農党県支部聯書記長松田誠は本名佐野であること、白井明が本名間庭末吉であることを知り、記したのはこれが始めてであった。

　八月一三日、「三沢、岸本両君及び自分達夫婦と四人連れで、大阪控訴院へ共産党公判の傍聴に行った。ドアを開けて我々が入って行くと、皆一斉に後ろを向いてニコニコしながら会釈した。板野、奥田、白土、三宅、尾関等は後ろの方で陣取っているので、すぐにそれと知れたが他の人達はすぐにわからなかった。傍聴席はがらあきで只坪井君の父母と外に四、五人の我々とであった。弁護士席には松野氏と色川氏とが見えた。新聞記者席には一人の影も見えなかった。今日は三好君、尾関君、荒木君の事実調べであった。十二時に閉廷されたので午后面会を求めた。僕は奥田君に会って、最近の問題をいろいろ話した。三沢君は尾関に、岸本君は三宅に、美雪は白土に会った。須方君も後から来た」。

　八月一七日にも、「大阪控訴院へ共産党の公判傍聴にゆく。奥田、阪田、西村、三戸森、荒木、平

旧庁舎ー大阪控訴院，大阪地方・区裁判所(「3代目赤れんが」)
(大正5年5月～昭和49年1月)
大阪市北区若松町・現北区西天満2丁目1番10号(前庁舎跡地)

大正５年、大阪控訴院、大阪地方・区裁判所内に入居

山等に書物の差入をしておいた。今日は坂田君と西村英助の事実調べであったが、事実調べはもうあと四人で終ることになっている。今日の傍聴者は坪井君母堂、須方君、阪本君の兄さん外四、五人と僕、外に特高のスパイが一人、新聞記者席は誰も来ていない。閉廷後坂田君に面会した。／後、小岩井氏訪問。新労農党問題について意見を交換した。（神戸）西部も新労農党に対しては大いに賛成意見に傾いている由」。

小岩井浄氏
26日愛知大学葬
小岩井浄（こいわいじょう、愛知大学学長）スイゾウガンのため豊橋市市民病院で十九日午前四時すぎ死去した。六十一才。
長野県松本市に生まれ、大正十一年東大法学部卒業、関西大学教授、弁護士などを経てはやくから社会運動にしたがい、戦前の労農党中央執行委員。昭和八年日本政治経済研究所を主宰、同十五年上海経済研究所副所長、東亜同文書院教授、戦後愛知大学教授を経て同三十年学長となった。日本学術会議会員、日本政治学会、中国研究所各理事。
著書として「政治学要論」、共著「中華人民共和国の国家体制と基本動向」などがある。
二十日午後一時から豊橋市高師石塚町三八の自宅で密葬、二十六日午後一時から愛知大学講堂で大学葬がおこなわれる。遺族には多喜子夫人、長男ヒカル（小学校五年）、長女ゆかり（同三年）がある。
共産党から弔電
小岩井の死去にたいし、日本共産党中央委員会は十九日つぎの弔電をおくった。
ながい年にわたり人民解放と平和の事業のため奮闘された小岩井浄氏の御逝去をいたみ、つつしんで哀悼の意を表します。

小岩井浄の大学葬を報じる「アカハタ」

　八月二二日、「今夜、細迫君が来て、木村氏の宅で提案書の質疑応答をすることになった。無産者新聞の十四日発行の分には反対意見を書いている。十六日の労働農民新聞には其の記事が明らかに無産者新聞との対立を明らかにした。又労働組合協議会は三度も反対声明書を出している。是等を一通り読んで見たが、首肯出来るような理論は何処にも見出す事が出来なかった。

　木村氏での会合には二十八人程集まった。細迫氏に対する質問にはかなり鋭いものもあったが、氏は淳々とよく答えた。賛成者としては木村のお爺さんをはじめ岸本、三沢、古家、梅野、池田、三木、網本、増本、深江、脇、両赤松等があり、反対側には今吉、天道、安達、宮坂、井神、喜井、林田等があった。結局意見を述べるに止まったが、賛成意見の方が若干多かった事は事実である。とうとう徹夜した」という。

　八月二四日、「赤松勇次郎君、宮坂君が続いて来訪した。宮坂は反対意見、赤松は賛成派であるが、宮坂も会って話せば賛成意見に傾くのである。／協議会は昨晩常任委員会を開いて反対の決議をなし、声明書を発表するらしい。「労農同盟」も続いて常任委員会を開いて、反対の声明書を発表するらしいと云う。一昨晩の会議には賛成六分、反対四分の形勢であったにも拘らず、常任委員会で反対の声明書を出すというが如き、大衆の意思を蹂躙したる態度は全く誤謬も甚だしいものである。両君の話によると、反対意見を夕刊に表明する今吉君の実際の行動はまるでスパイだという。殊に葺合〔署〕の斎藤との関係は一通りではないそうだ。そんな噂をした後で二人が帰ると、間もなく今吉君が来た」としている。

八月二八日、「…宅の二階で金属労働組合拡大執行委員会を開き、梅野宗行君を議長にして、新労農党問題を協議した結果、満場一致賛成を決議し、直に声明書を出すことに決定した」。

八月三一日、「三木一雄君来訪、金属労働組合の新労農党樹立賛成の声明書を持参した。声明書の内容はなかなかよく出来ている、おそらく今日まで、このような立派な賛成意見書は出ていないであろう」と、感心している。

九月三日、「夜、ナップの事務所で、合同労働組合の新労農党提案に対する討議が行われた。池田と深江が晩方にやって来て、今夜は徹底的に闘うつもりだと言っていたが、勝敗の数は前もって知れているのだ。木村の老爺は天王寺公会堂へ、万年スレート争議応援演説に行った。帰りに三沢方の集会に立ち寄ると、言っていた。この集会は、「労農同盟」員中、提案賛成派有志の集まりだった。神戸支部常任委員会〔旧労農党?〕の、声明書問題に対する対策の協議だった。森口、三木、梅野、脇等が集まった。声明書問題については木村が委員長の名によって真相を発表し、一方有志の名によって声明書を発表することにした。猶ほ、合同、俸給、化学等各組合の態度決定を待って、〔新労農党の〕支部創立の準備をすることに決定した」。

九月七日、「声明書を書く。〔中略〕夜、三沢方、「労農同盟」有志会議。集まる者木村、梅野、池田、赤松、深江、山口、古家、三沢。すぐに支部準備会の組織に着手することとし、委員を選ぶ。赤松、池田、脇、阪本〔福〕、梅野等。「労農同盟」有志の名による声明書は僕の起草通りに通過」。

九月一一日、「夜、三沢君方、新労農党神戸支部準備会第一回常任委員会。七名共出席、三木君の引退問題は絶対に引かせないことにして解決」。

九月二二日、「新労農党神戸地方準備会

一、情勢報告　大阪との関係について（池田）、本部との関係、神崎郡方面動向。
二、協議事項　演説会開催、廿七日又は十月二日青年会館。弁士の交換、連絡は当分委員長、機関紙代値上げの件等。

夜、新労農党組織神戸地方準備会の第三回常任委員会を白雲堂に於て開く。委員七名全部出席。／演説会準備に関する件その他を協議決定。僅かの問題から木村の老爺が立腹して退席しかけたり、池田君を足蹴にしたり、なぐったりしたのは此の時である。しかし池田は、別に腹も立てず「自分が悪かったとあやまって」すました。

九月二三日、「梅野、池田両君と共に大阪小岩井氏方に開かれた、新労農党組織近畿地方協議会に出席した。出席者は京都・奥村、小川外一名、大阪・小岩井、小田、中橋、安島、赤松、奈良・立花君。協議会は正式に成立し、声明書発表に決定。宣伝演説会は奈良来月四日、京都本月二十九日、名古屋本月三十日、大阪来月三日、神戸来月二日と決定。その他労働農民新聞紙代値下げの件、結党基金の件、演説会の弁士交換に関する件、事務所に関する件等決定。各地の情勢報告によると京都も大阪も反対者は少数で、戦闘的労働者は殆ど絶対支持らしい」としている。上記「声明書」起草には古家も参加し、次の如く明記された。

「…我等は爰に関西地方協議会を結成し、強力なる規律と統制の下に緊密なる連絡を保ちつつ、全被圧迫大衆の生活利益の徹底的擁護、伸張のために奮闘し、剥奪されたる政治的自由を奪還し、以て無産階級解放の歴史的使命遂行のために驀進せんとするものである。／右声明す。　新労農党組織関西地方協議会」と。

「日記」では、九月二八日に東京から「山花君来訪。全国の情勢等を語る」とあり、九月三〇日「昨夜の新労農党京都支部準備会発会式及び宣伝演説会は反対派の策動により開会三十分にして解散された」としているが、同日古家は、神戸で「演説会のポスター貼りに協力、新開地からその東西の町内一帯、山手方面、此夜全市に貼り付けたビラの数一千枚」と奮闘していた。

「日記」では、一〇月二日予定通り「神戸下山手基督教青年会館に於て、夜演説会を開催」、演題、弁士は次の通りだった。

司会者は森口新一、金解禁批判（深江激）、新党組織神戸地方情勢（木村錠吉）、産業合理化反対（森辰太）、戦線統一（梅野宗行）、労働組合強化（池田義雄）、疑獄問題批判（赤松勇次郎）、家賃・電灯料値下げ問題（古家実三）、戦争反対、露支問題批判（赤松五百麿）、総同盟分裂批判（大阪側弁士）」とされているが、別の手帳ではより詳細に説明されている。引用すると、
京都の宣伝演説会が反対派の妨害、官憲の解散に遭っていただけに、その直後の「神戸の演説会の成行きは、京阪の同志の間で注目の的となった」。古家は「同志岸本、三沢と共に三ノ宮駅に大山氏等の一行を迎えに行った。が、警備隊の一人が来て、大山氏は前の列車で、もう会場に到着したと報告した。

開会の時刻にはもう満員になって、会場の扉は締切となり戸口には制服四、五人が佇立して、群集を寄せ付けまいとしている。裏口から警戒を突破して入ってゆく。そこへ反対派の滝本君が下りてきた。

『どうしたんだ、もう帰るのかい』と言うと、『追い出されたんです。少しやじりましてな、後から入場料は返してやるという事でした』『帰ったりせずにおとなしくしていたらどうや。僕と一緒にもう一度引き返し給え』と言ったが、『いや、もう帰ります。又追い出されるから』と。

（中略）（警察の臨監・取締は）演説に対しては政友会時代ほど、酷ではなかった。と言ってもこれは只比較的の話で、やはり不当な中止が連発された。

…奥村君は巧みに中止を避けて可なり長時間に亘って熱弁を揮った。赤松君は辛辣にブルジョアジーの本質を暴露して聴衆に深い感銘を与えた。反対派は最早手も足も出し得なかった。僕は疑獄事件の解剖、批判からブルジョア政党の本質とその罪悪史を暴露した」「同志小岩井は大阪市会の内幕を解剖して、社会民衆党や大衆党の社会民主主義を暴露し批判した」とあるが、手帳はここで中断している。演説会は有料入場者八一〇人、他五人であり、成功を博した。

以上の京阪神、奈良で開かれた新党宣伝演説会の成否は、新労農党結成にとって重要な試金石であった。それを京都以外は成功させた後、一〇月七日に近畿地方協議会第二回会議を大阪・色川弁護士方で開いた。

「新党創立大会の場所は東京、時期は十月下旬、代議員は約百三十三名、内東京五十名、関東二十名、北海道五名、東北五名、新潟五名、北陸五名、九州三名、中部八名、大阪二十名、神戸、京都各五名、奈良、岡山各一名、計百三十三名の予定」と定められた。結党大会は結局一一月一日と決まったが、それまでにも古家は日農淡路連合会の新党への参加問題や学校教員などの俸給引下げに反対する問題、日毛組合誠和会の争議に奔走していた。

なおここで、どうしても注釈を必要とする問題は、新労農党の結成に反対した古家のいう「反対派」についてである。この経過は、日本共産党中央委員会編集の『日本共産党の六十五年』によって明らかであり、該当部分を引用しておく。

「党は、この間、合法的な労農政党にたいする従来の方針を転換して、共産党以外の労農政党結成の進歩的な意義を原則的に否定する立場をとり、新党が禁止された後は、労働者、農民を過渡的に結集する非政党的な組織として『政治的自由獲得労農同盟』をつくるにとどめた。そして、その後は、合法的な政党樹立の企てを、すべて前衛党を否定する解党主義、合法主義として非難する態度をとった。これは、一九二八年七~九月にひらかれたコミンテルン第六回大会で、植民地・従属国の革命運動に関連してあらたに定式化された方針――『労働者農民党は、その性格がある時期にどんなに革命的であっても、容易に通常の小ブルジョア政党に変質するから、共産主義者はそのような政党の組織を勧告してはならない』という決定にもとづくものであったが、進歩的な民主主義勢力の結集を妨げるセクト主義的な誤った方針であった」。これが新労農党結成の時期に、古家らのいう反対派の活動として現れていたのである。

三　新労農党「結党大会参加記」

「古家日記」昭和四年一一月一日には、「新労農党結党式、神戸地方準備会代表として出席する。会場　東京芝、協調会館」としているが、大会の成立、議事運営を示すような記事は何も書き留めていない。古家には日記と別に七冊の手帳があることを前記したが、その七冊目、表紙に朱筆で「昭和四年　新労農党組織準備会演説記事」に、該当記録を見ることができる。それによれば、結党大会直前にも第二回、第三回関西地方協議会や兵庫県支部準備会を開いており、代議員数割当が京都一五、大阪二六、奈良三、神戸五に再決定されていた。

手帳内の「新労農党結党大会参加記」を読むと、「十月二十七日、大阪小岩井方で開かれた関西地方協議会の申合せでは、卅一日の夜行でいっしょに上京することになったのだが、前もって本部との打ち合せもあり、不眠症の僕は夜行ではとても一睡さえ出来ないから、一日早く上京して卅一日即ち大会の前夜にゆっくり睡眠をとりたいので、卅日の夜行に乗ることにした。

ところが三十日の夜、大橋公会堂で家賃値下、失業反対の演説会をやったので、演説を済ませて出発することにした。此の演説会は結党前の極めて多事の中を無理やりに開いたもので常任委員の中にさえ随分反対論があったのだが、家賃値下の輿論を強力に展開しなければならない時に当って、結党後まで演説会を延期することは断じていけないと極力主張して、とうとうやることになったのだが、此計画は果して大に成功の裡に行われ

1929年、株価暴落でウォール街に集まる群衆

た。

丁度此の日の朝、神戸新聞では家賃値下運動についで社説を書いていたので、それもいくらか影響して、大橋公会堂はすし詰めにも入り切らない程の盛会だ。十銭の入場料をとったにも拘わらず三百人の入場者があり、（中略）やむなく帰った人も少なくなかった。（中略）僕は梅野君がすむとすぐに出た。僕は少し砕けた態度で、具体的な事実を挙げて話して行った。井上蔵相の個人生活を批判中に中止を食った。すぐに神戸駅に向かった。もう美雪は子供を連れて見送りに来て居た。僕の胸は全く輝かしい希望に満ちていた。歴史の一頁をつづりに行くのだという喜びがあふれていた」。

三一日、「宿は神田光栄館、一泊一円五十銭」で夜は明けた。「午前十時を過ぐる二十分に開会、細迫君の悲壮痛烈な開会の辞は一句々々が拍手を以て迎えられ、司会者の推薦によって大山氏を議長に、大山氏登壇。拍手起こる。議長挨拶。

副議長　上村、奥村、鈴木源十の三氏。書記長細迫、外書記五名選任。／　資格審査委員長小田孝君（大阪）外二十数名、建議案委員長赤木君（東京）、委員選任

代議員代表（東京）挨拶　／　歓迎の辞　／　答辞　北海道・木下源吾　九州・石田樹心

地方情勢報告

○東京地方（上田君）

九月六日、準備会本部を確立し、次いで東京地方準備会成立。現在六支部（江東、京橋、荏原、城西、城南等）成立。ニュースの発行、活発なる活動、区会議員選挙運動を中心として演説会、失業反対（十月十日）、新党促進（廿一日、廿四日）外数か所。入場者四百名、演説会は聴衆によって完全に守られた。実費診療所（荏原、城西、江東その他も活動）。党の活発なる活動を通じて組合の拡大強化も行われつつある。

○神戸地方情勢報告

池田義雄君報告、四・一六事件で中止され、古家が継承した。

○新潟県地方情勢報告、石田宥全君。他に秋田県地方情勢報告あり。後刻、神奈川県地方情

勢報告追加された。
建議案委員会報告（赤木君）提案数
神奈川一五、埼玉一、長野一〇、神戸五、佐賀一、山梨一、岡山一、静岡九、名古屋七、宮城七、京都一六、大阪二四、千葉一八、新潟一〇、青森五、富山一、群馬二、秋田三、北海道四、東京六八、奈良四、福岡五。
［休憩後、午后一時二十分再開］
議長　鈴木源十
本部報告　細迫書記長　報告通り決定
議案
一　綱領決定の件　石原君説明。質問討論なく、原案通り満場一致可決
一　政策決定の件　委員会一任とし委員長は静岡（山崎）、神戸（古家）を選任。政策審査委員会に於ては神戸の修正意見は大体採用された。
宣言起草委員会報告　河上肇氏　嵐のような拍手起こる。
［以下は議案名なく、古家のメモを列挙したものか？］
○組合と党との関係を明確にする。
○戦争反対の闘争を今少し具体的に書くこと。
（中略）

第二日　十一月二日　十時前開会
祝電朗読、数十件。樺太エストク、西崎、岸、六十三歳老人、三浦善作氏、盲目長髯。

奥村議長の紹介で、樺太山林問題・鉱山問題の暴露、組合組織に対する弾圧がのべられた。

川崎大衆党代表者祝辞。同党は解体して新労農党に合流したことを報告。

祝辞　蒲田労友会　田村冬松君、借家人同盟代表岩井久蔵君。

地方情勢報告
（前略）

長野　東信、北信農民組合のみが弾圧のあとに残された。全会一致賛成。全農以外の農民組合は悉く統一の気運醸成、十月六日準備会成立す、八ケ所の支部確立の計画立つ。

茨城　四・一六事件に十一人を奪われ、其の中三人が帰って来た時は「労農同盟」は全く壊滅状態に陥っていた。少数の反対派はあるも問題でない。土浦で演説会。

青森　四・一六事件、活動家二十一人を奪われる。地方党組織の計画中、新労農党の提案が出た。青森には少数の反対派あるも大部分、農民、借家人、合同労組等は賛成。
千葉　四・一六事件で十名を奪われた。農民運動の結果、小作人は多くの耕地を取り上げられた。小学生は盟休した。農民学校は作られ、無産階級的教育を施した。十月十五日支部長会議で五十名中、反対者八名。それは千葉労農党系の反対者と小児病者、大衆的でない。
休憩、午后一時に再開
祝辞朗読
役員詮衡委員会報告　西納委員長
［政策問題について］　活発な討論が巻き起こされた。二人の青年代議員は高度の理論から修正意見を主張した。それは七時間労働制を主張し、耕作権の確立を確認し、兵役の義務を認めるが如き全兵科における一年現役制の実施に反対し、或は帝国主義戦争の絶対反対を強調した。これに対し千葉の竹尾君は、原則論としては自分も考えているが、本部提出の真意は現段階における当面の闘争題目としては、この政策を以て正しいとしなければならぬと主張し、それに同調するもの亦多数あり、結局委員会に付託し、本日の発言者をも加えて委員会で討議され、（中略）　逐条審議の結果、追加又は修正して決定された。
［労働組合法案に対する件］　中橋君説明　原案通り決定
［小作法に関する件］　千葉・竹尾君説明　質問討論ぬき可決
細迫書記長　報告　明日の労働組合代表会議について（本郷基督教青年会館）。結党基金の件。
休憩　一時間
役員発表　委員長　大山（中央）委員　上村進、東京―篠田八十八、神道寛次、長井恭
石原善行、山花秀雄、大沼晴直、長野―若林忠一、神奈川―糸川三郎、茨城―額賀二郎、千葉―竹尾弌、愛知―佐々木侃一、静岡―山崎剣二、京都―奥村甚之助、木村忠一、青森―岩淵謙二郎、秋田―佐藤謙太、奈良―松本　七（一字不明）、新潟―高畠春二、大阪―小岩井浄、安

島高行、服部常三郎、兵庫―古家実三、九州―石田樹心、鳥居重樹、北海道―荒岡庄太郎、群馬―吉田鋼十郎、福井、富山、石川（二名）
常任委員・大山、石原、上村、篠田、長井、山花、神道、大沼、竹尾、糸川、高畠
書記長・会計　細迫兼光、　会計監査　中村高一、西納楠太郎

（議案か？）運動方針　決定の件
細迫君一時間に亘って説明、竹尾式その他の意見があった。大体によく出来て居る点で草案起草者に感謝するが、農民問題に対して不充分であることをのべた。
○早川君の意見で詳細に誤謬を指摘したが、中止して終る。
○飯石君　新中央委員会に一任して修正する動議に満場一致、賛成。
○香川奪還闘争の件　西納君説明
実行方法、奪還協議会を組織し、政府及び香川県当局に抗議し、全国労働者農民の間に抗議文を撒布。
○山本宣治殺害の黒田某に対する司法の態度に関する件
説明者悉く中止された。
○治安維持法その他無産階級抑圧の諸法令廃止要求の件　本部決定
○自作農創定法廃止の件　中央委員会に一任、可決
○党員徽章、党旗作成の件　本部説明、可決
○次期大会に対する件　可決
委員長　閉会の辞、嵐の如き拍手
（新中央委員会を十一月二日夜開催する。十一月四日、名古屋における水平社大会に奥村君を派遣すると通知された。）

以上で、古家手帳による新労農党「結党大会参加記」は終る。この記録に不完全な点があるとしても、新労農党の結成前後の地方状況、結成大会の議事運営をこれほど詳細につたえたものは他に見ないと思われる。大原社会問題研究所の戦前社会運動原史料類にも盛られていない。それを補う意味で古家日記、同関連資料はきわめて重要な位

置をもっていることを、付言する。

第七章　戦後の「古家日記」点描

昭和二〇（一九四五）年八月、日本政府は連合国のポツダム宣言を受諾して無条件降伏し、この米軍の政治、経済改革による上からの「民主化」が急速に進んで日本の軍国主義体制は廃止され、元老政治もなくなった。農村では地主制が基本的に廃止される方向をとり、財閥も解体された。アメリカ文化が教育、マスコミをはじめ国民生活に浸透した。深刻な飢餓に直面していた庶民生活は、日々の食糧を闇市の流通に依存しなければならなかった。

こういう国内情勢とあわせて「古家実三日記」は、その後の中国革命の成立や朝鮮戦争、文化革命の妄動などにも注意深い評論を書き続けた。しかしこれらすべては割愛して、ここでは敗戦後の郷里にあった古家実三の身辺を探ることにする。

「古家日記」は一九四五年九月頃に、なんとか療養生活を脱して「草刈、堆肥造成をおこなう」程度の体力を回復していた。すでに「米兵一万一千神戸に、二千は姫路に進駐」した（九月一五日）ことを彼は記し、一〇月に入ると郷里に疎開・保存してあった「社会科学文献の整理」に着手したが、早くも加古郡から「河合義一君、松浦某を伴い政党組織について相談」に来り（一〇月二一日）、一一月には「森口新一、三木一雄両君来宅し、社会党入党について相談があったが、政党に参加するなら共産党へと説いた。しかし両君は社会党へ参加の意向のようであった」（一一日）と録している。

一一月二五日には「高砂公会堂に於いて共産党系、社会党系演説会を合同主催。自分（古家）は天皇制批判を行う。公開の席で天皇問題批判をすること、是を以って播州に於ける第一声とする。入場者八百名、一名の反対なく却って拍手があった」としている。この時点で古家が天皇制に対して批判分析をおこなったということは、以前から彼が「(資本主義発達史)講座」派の理論を身につけていたことを証明している。「日記」にはそういう事実が記録していないが、そう解釈するのが自然だと思う。

この頃から兵庫県古書籍商業組合の業界活動も著に着き、地域社会においても昭和二一年一月に部落会長の選挙が行われて、古家が選ばれた。二月には東播文化協会組織協議会が加古川市に結成されて、これにも彼は参加している。同協議会には平荘村、高砂町、加古川市から有志が集まり、各地の情勢を討議して協会事務所を設置し、地方委員の確認、連絡体制をとることをきめた。これについて「古家日記」は、「要するに東播文化連盟は文化団体の連絡機関とし、政治思想にはこだわらないで党と性格任務を混同せずに、区別しておくことを決議」し、発会式を兼ねて古家が「人類文化と社会進化」をテーマにした記念講演をおこなった(詳細後述)。

二月一七日に古家は法華山を訪れて大高恵孝師に会い、重要な会談を交わした。それは付近の山林を解放する件であって、「大平山林約十町歩の下刈山権を坂本部落に解放することに快諾を得た」としている。「…倶楽部において臨時に部落総会を開会した。区長の開会の辞に次いで、僕(古家)から法華山々林の一部、大平山約十町歩の山林を大高氏の決断に依って坂本部落に解放された始末を報告し」、時あたかも政府が断行した新円切替えの措置についても併せて解説した。

さらに二月一九日に加古川公会堂で開催された共産党、野坂参三歓迎人民大会に出席している。初対面であったが野坂は、古家に対して「お名前はよく存じて居ります」と言い、関係者からも「少し時間があるから僕(古家)にも演説してほしい」と要望もあったが辞退した」という。そして集会後に「再び元の会場で開かれた人民戦線結成懇談会に出席している。(中略)出席者は百人ばかりになっていたが、暫く天皇制問題の論議が行われた。空気は極めて穏やかであった。最後に人民戦線結成の方法論に移り、改めて会議を催すことになったが、僕の提議に基づき出席の人の中から職場、または組合ごとに代表をこの場で選び、発起人として招集する手続きを取り、一時も早く結成し邁進することにして散会した」。三月には予定されていた加西郡文化協会の結成、史学研究会に参加して文化運動を再起している。

以上のような農村情勢の発展は古家らに「白雲堂書店」の再開を促進する基盤となり、文化運動との結合を強化する条件ともなっていた。つけくわえれば、大阪にあって唯物論研究会に参加して治安維持法違反による起訴（一九四一年）、有罪四年を判決されていた栗山一夫（筆名・赤松啓介）が刑期を終えて下里村段下に帰郷し、古家らに共同して党活動に取り組み、古代史研究にも協力していた。

〔白雲堂書店の営業再開〕

古家はすでに一九四六（昭和二一）年九月に「白雲堂古書小目録」を謄写印刷して、通信販売に乗り出していた。これが事実上、白雲堂書店の再開声明となって、店は姫路市南居伝以町で開店し、歳雄、文代が経営を主宰した。実三夫妻は引退して、希望通りに農村の生活環境を楽しみながら書店活動を補佐し、文化運動、郷土史研究を進めるとともに、戦前の社会運動史料の収集整理に努力していた。

ここでは簡単に「努力」としているが、当時の古書流通、古美術品の市場は途絶しており、古家自身は健康上の理由で買付け旅行の重労働は不可能となり、関西各地の書店を歴訪するか、蔵書家の史料整理に力を割くに留めていた。そのなかで疎開していた古書籍を放出する「白雲堂古書小目録」が発行されたのである。そのあいさつとして次の文書が配送された。

御挨拶

拝啓　漸く秋涼の好季に向かってまいりましたが、ますます御健勝の御事とお察し申します。却説（ところで）、小生事二十五年間神戸市に於いて『白雲堂書店』を経営してまいりましたが、昨年六月五日第二回神戸大空襲によって店は跡形もなく灰燼

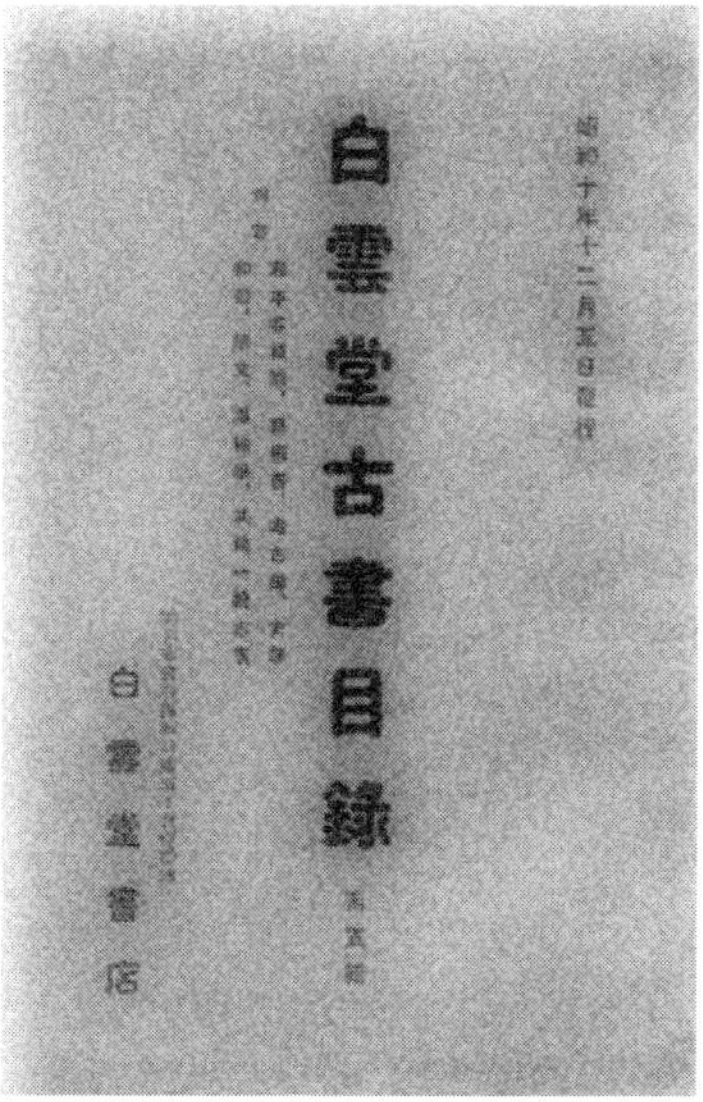

白雲堂古書目録

に帰してしまいましたが、その後姫路市に於いて仮店舗を以って古本の売買を営んで居ります。目録の発行は資材、印刷の関係上、暫く中絶して居りましたが、近いうちにどうかして謄写版刷りの簡単なものでも発行して見たいと存じます。就いては簡単な目録でも見てやろうとの御厚意を有せられる方は、この際お申し込みを願います。戦争激化のため連絡も絶えて居りますが、何卒最近の御住所御蒐集図書の種類、特に目下御探求中の図書名等ご通知下さいますよう。

尚ほ当分の間は普通書面に依って通信取引を行いたいと存じますから、在庫品（と申しましても戦災前、郷里の宅に疎開していた書籍等）及び姫路の店が最近入手した書籍、雑誌等を時々刻々御通知いたしたいと存じます」とし、取扱書籍の範囲は「美術、考古学、歴史資料（古文書、古記録類）、地理、哲学、宗教、自然科学、文学、和本・唐本一切、写本、古写経、洋書、学術・普通雑誌、小説」の各項目を集積しているとした。言い換えれば、これは戦前に発行していた「白雲堂古書目録」を戦後に継承して、書誌学的にもさらに充実させようとする意欲を見せていた。

しかし当時の古書業界・出版界は紙原料の不足とあいまって閉塞しており、この時点で五百点を登載したにすぎなかったとしても「白雲堂古書小目録」の出現はセンセーションを喚起するに充分であった。内容上でも「小目録」中の歴史書には新摺高麗版『大唐西域記』が入っていて、それには古家による次の注記がついていた。

「（『大唐西域記』は）朝鮮海印寺所蔵・高麗版拓本により、大正年間、朝鮮総督府が三部を摺りたるときの見本摺にして、用紙も別に高麗時代のものを模して作製したものである。出版史の参考として尊重されるべきと考える」としていた。

また、それよりも早く同年一月一二日には兵庫県古書籍商業協同組合総会が開かれた際に、第一回古書研究会も開催されて「理事長が開会の挨拶をして、最初に自分（古家）が説明役に当たった」とし、「マルコポロの紀行以後の重商主義時代、海陸発見競争時代における地理書の学問上における地位、支那史籍に現われた日本、朝鮮、琉球地理誌、古風土記、和名抄等上代地理書、徳川初期の古版地誌並に古版地図、名所図会、兵庫県郷土地誌中重要文献等に就いて説明」したとしている。

同年二月一一日には加西文化協会が結成されたが、この運動の中心になったのは下里村で三浦三次、幸田幸一、堀尾一男らとともに、帰郷した栗山一夫（赤松啓介）が参加していた。この結成集会で古家は、前掲の記念講演「人類文化と社会進歩」をのべた。それは最初から一日で終らず、講座にする計画でもあって再開、実施されたのは昭和二四年一〇月三日まで遅れ、同月一三日、一八日に継続して「研究会第六回を以って一先ず終了」とされた（加西文化協会）。その時の残された草稿を見ると古家は神話、伝説と歴史的事実を区別して、社会発展の研究史、唯物論的な社会的進化を追究している。マルクス主義的な結論を尊重するとともに、それが郷土史として進んできた具体的な経路、石器時代からの進化を鏡、鐘、石棺などにわたって研究していた。

これとともに古文書研究では一九五五（昭和三〇）年六月に、竜野町（現竜野市）東丸在住・浅井弥七郎らの要請によって旧竜野藩「脇坂家文書」の調査に力を尽くした。ここで「東丸」というのは、薄口醤油製造で有名なヒガシマル株式会社の所在地であり、この有力者の委嘱を受けて、古家は「脇坂文書」の整理に当たったのである。「約一千点近い文書」の整理は大変であって、七月末にやっと目録作成を終り、以後脇坂家年代記の執筆に移っている。重複する古文書研究では船越山瑠璃寺文書の研究（昭和三二年一月）、書写山文書の整理（同年五月）についても要請が舞い込み、「まったくお門違いに見えて書写山過去帳も調べた。これは播磨郷土史資料の重要な点を考えたからである。天正十四年の古写にかかるもの、四百年前の」文献であったという。このようにして古家はそれ以後、昭和三二（一九五七）年から本格的な古文書の調査、研究に没頭することになっていた。

〔法華山一乗寺及び地蔵院信徒総代の活動〕

戦後の古家実三の活動概況を上記のようにまとめてみると、それでは一九五〇年代はどうしていたのかという疑問が生じるので、その説明を欠かせない。これには古家の生涯と切り離せない郷里の法華山一乗寺及び地蔵院の信徒総代として重要な役割を果たしていた時期が存在するのである。

一条寺本堂

昭和二二（一九四七）年一月二三日に坂本部落総会において、一乗寺住職不信任問題が提起された際に、部落会長の改選があわせて審議され、古家はこの席で部落会長に選出された。それに関連して二月一六日には地蔵院で檀徒総代、崇敬（役職名）の連帯会議が開催されて、法華山の寺院運営が討議された。六月六日にいたって再び一乗寺住職問題協議会が開かれると、新住職に太田実承氏が選任された。

「古家日記」によれば、「七月一六日夜、倶楽部に於いて部落総会を開き、法華山寺院の所有地全部を解放することに決定」するという大改革が行われている。

「七月二十日　一乗寺信徒総代事務引継」「十月四日　檀徒総代、崇敬合同懇談会」が開催されて、古家は正式に一乗寺信徒総代並に地蔵院檀徒総代に、この時に就任した。それ以後の年間行事―花祭りや「四万六千日」行事はもとより財政運営上の重要事項、道路建設やヒノキ伐採本数の可否、「常茶屋」売却問題などが相次いで審議され可決している。

それ以後の九年間、古家は白雲堂書店活動の傍ら、少なからぬエネルギーを信徒総代の役職に割いたことが「日記」には記されている。その結末として一九五六（昭和三一）年五月二八日には、
「…昼食後、一乗寺会計決算会に浅見君とともに出席、幸田、芝両君はすでに到着していた。（中略）
概要（木材売却借金支払の残高は別）
基本財産　六万壱千六拾七円
総合計　収入　四拾七万八千四百五円
　　　　支出　四拾七万六千七百八十六円
　　　　収支の残高　壱千六百十九円
臨時の追加収入　七千九百二十二円
次年度繰越金　九千五百四十三円
午前一時　計算完了、帰途につく」としている。
さらに「五月三十一日午後三時、幸田夢南君来訪。一乗寺会計決算後、山下節夫君を訪れて一乗寺総代辞任の決意を漏らしたところ賛成の意味を表明せられたので、兼ねての宿望の通り愈々太田住職の手元まで辞表を提出する決意を固めたとの話なので、自分も同じ意図を持っていたことを告げ、直ちに一乗寺信徒総代並に地蔵院檀徒総代辞任届を書いて郵送することにした。昭和二十二年就任以来、満十ヶ年の任務はこれで終りを告げることになった」とのべている。
この一〇年間、古家実三が信徒総代として係わってきた業務への取り組みは、不可避的に書店経営や古代遺跡研究、戦前社会運動の資料収集などの活動を制約する状況となっていたが、あえて我慢しなければならなかった、それが開放されることになった。なお一部分は継続して、切っても切れない血のつながりのように続いたが、寺院経営にかんする直接的な負担からは開放された。こうして古家はこれ以後にライフワークとなる古代史研究などに集中する時機を得て、めざましい晩年期を迎えるのであった。

〔古家実三日記の業績を尋ねる〕

繰返していうが昭和三二（一九五七）年に生じた古家の身辺変化は、彼の研究活動に激変をもたらした。そして生涯を通じて奮闘した成果は、彼の全人格的人間像となって具体化されていた。それをここで数えるとすれば、筆者は次の三点をあげたい。それは第一に加西郡郷土研究会を創立

し、古家を中心とした機関誌「播磨郷土研究」を刊行したことであり、第二には古家の蓄積した戦前無産運動資料を集成する事業の進行である。第三に、これらの研究をアカデミーに依存するだけでなく、白雲堂の書店活動と結合し、エッセイにもまとめた。古本屋人生の真実の記録である。

これらの業績を総括するために彼は「日記」編集を従来の形式で継続しながら、「重要な論説や事件記述」は別冊として重複、並行して進めた。それは単行書としてまとめようとする意図を示唆していたが、健康問題と絡んで挫折する悲運をたどった。

本書はこの事情を考慮して戦後部分のタイトルを『戦後の古家日記点描』として、時系列に編集する方針をとらないで、古家実三の業績を問題別に解明する努力をおこなった。それによって『古家実三日記抄』の結論―古家実三の社会的役割、その業績の解明を幾分でも明らかにすることに接近したいと志したのである。それが以下において設定したテーマ、（1）「播磨郷土研究」の刊行、（2）戦前社会運動資料の集成、（3）古本屋人生の真実であり、この順にしたがってのべることにする。

1 「播磨郷土研究」の刊行

法華山一乗寺の信徒総代を辞任した古家実三は、昭和三一（一九五六）年八月四日に開催された加西郡郷土研究会準備会に出席した。この準備会で「自己紹介の後、田岡香逸君とともに瓦窯跡発掘現場を見学し、その後に郷土研究会規約審議をして会の成立を確認し、役員選考に移って左の如く決定」したという。ここで会長・宮永貞治、副会長・菅野理一、幸田幸一、常任幹事・古家実三、植永定治、三浦三次、前田二郎、玉井留吉、河本正義以下略九名、幹事・学校側三五名、発起人側二四名の役員を選出した。

続いて同月二九日に研究会幹事会を開催して編集部、財政部などの専門部を設置し、古家は調査部に配された。まだ機関誌発行にかんする議は起こらなかったが研究会、現地見学会は重ねており、昭和三二（一九五七）年に古家は『享保五年の農家建築』『加西郡における俳句の流行と安積花樵翁』の未定稿を用意し、「播磨郷土研究」の創刊が近づくと自著「郷土史研究の意義と方法」を準備し、その他五篇とともに創刊を待っていた。

同誌創刊号発行は昭和三二年七月一〇日、加西郡郷土研究会代表・宮永貞二、編集者古家実三として出され、全文六四頁、発売部数は不詳であったが、関係者の奮闘によって二七〇部以上が出ていた。しかし不定期刊であり、改めて古家の実質的な編集責任下にあった時期と号数（古家作品）を列記すると以下のようになる。

創刊号（昭和三二年七月）

「郷土史研究の意義と方法」

第六号（昭和三五年六月）

「郷土愛と愛国心」

「加西郡北条町谷村の慶長検地帳」

「加西郡北条町段下の農政文書」

「播州多可郡中野間明細帳」

さらに同年一月二四日編集会議に提出された「史料目録」がある。

第八号（昭和三七年七月）

「赤穂浪士と加西郡の関係」

「法華山一乗寺三重塔」

「多可郡中町の古民家池田邸」

「重要文化財に指定された古法華石仏」

昭和三六年九月三日研究会及び総会報告「倉谷の石棺にかんする調査」

第九号（昭和三八年九月）

論文「現代史の激流と郷土史研究の関係一」

第一〇号（昭和四〇年八月）

論文「現代史の激流と郷土史研究の関係二」

第一一号（昭和四一年）「五百羅漢特集」

この年に古家は急逝したので、次号は古家氏追悼が特集された。

第一二号（昭和四二年一二月）

「故古家実三氏追悼集」

第一七号（平成一三年一一月）

藤原昭三論文「『古法華石仏』余話」

となっている。ここに同誌一七号の藤原論文を加えたのは、古家による「古法華石仏」の発見があたかもアカデミーに起因したかに言いふらされるのを防ぐためであった。

「播磨郷土研究」誌各号にたいする古家論文の特徴を、筆者の見解によってまとめてみると次のようになる。

第一に古家は郷土史にかんする書誌学的成果を追究し蓄積した。その一例は第六号（昭和三五年六月）編集会議記録に見られる。彼がここで所蔵「郷土史料目録」八二点を展示している一、二を紹介すると、

加西市にある五百羅漢

△「峯相記微考」（宝永板・姫路、井上三郎刊　二冊）。「播磨風土記に次いで古い地誌」であり、「北朝の貞和四年頃に成立したらしく、約六百十二年前の郷土地誌である。但し刊行されたのは宝永二年（西紀一七〇五年）である。僧侶の手に成った関係があって仏教上の記事が多い」としている。

△「播磨風土記」、著者は的形加藤氏、刊行は寛延二年（一七四九年）写本。和銅年間撰述の『播磨風土記』は三条西家本が発見されるまで、永い間世に知られていなかったことは周知である。本書は和銅の風土記が発見される以前の著述で、書名は同じだが内容は全く別物である。社寺の縁起や民間伝説の怪奇なものは捨てて取らないと、凡例に書いていることは本書の特色で、記事は播磨全域に及んでいる」としている。

△「古代の加西郡とその遺跡」栗山一夫（赤松啓介）著。「半紙八枚綴、謄写版摺の小冊子であるが内容は充実しており、質的に貴重な文献である。栗山一夫とは赤松啓介氏の本名であり、加西郡北条町段下の出身、現在神戸市史編集委員、神戸新聞連載の『祖先の足跡』の重要なメンバーとして

お馴染みのはずである。発行年月日は書いてないが、加西郡史談会の発行となっているから、多分昭和初期のものと思われる。

第二に、古家の重要な寄与となったのは古代文物の発見、研究の数々であって、上記した同誌第八号には調査報告「加西郡倉谷の石棺発掘」の指摘があるが、その詳細は「日記」と照合すると事実経過が説明されている。その「日記」昭和三二年一月三日によると、「播州は日本全国中、石棺の最も多い地方であって、明治三十二年六月当時、知られていた全国石棺の総数二百二十二箇の中、播磨は八十六箇であって実に三分の一の多数を占めていた。これに対して隣の備前は二、但馬は四、丹波三、摂津三であって淡路には一箇も出ていない。また播磨全体では姫路を含めて二十七箇が最多数を占め、神崎郡これに次いで十一ヶ所、加西郡八ケ所、印南郡八ケ所等、随分多数の石棺が現存している。本書未載のもので、この後に知られたものも相当多数存在しているはずである。加西郡内でも倉谷に二箇、明楽寺一箇が数えられ、北条町小谷、旧富田村に各一箇づつある」としていた。

同年一月一五日には、「成人の日で学校が休みになり、小学生が古墳発掘品を見せてくれとせがんで来たので、午后簡単に陳列して見せて説明し、倉谷の古墳見学に同伴」させた。この時は古墳の「壁面、天井の巨石を実測して略図を作り、また家型石棺の蓋石を実測」させるなどの共同研究にも取り組んでいた。

第三に、同誌第九、一〇号において古家は論文「現代史の激流と郷土史の関係（一）」、「同論文（二）」を連載して、戦後世界の転換期に際会した歴史学のはたすべき役割が何であるのかという課題に取り組んでいる。

周知のように戦後世界の基本的な情勢変化はアジア、アフリカ諸国の民族的独立、成長の始まりであり、古家は同論文で「印度、パキスタン、インドネシア、ビルマ、ベトナム、フィリピン、朝鮮と次々に独立国が成立した。アフリカに於ても エジプト、チュニジアはじめ数十の独立国が成立した。…世界の人々を驚かせた」「この激流はわれわれの郷土とはどんな関係があるのだろうか、それは戦時中から戦後にかけて…郷土の状態を調査し記録することで次第に明らかになるであろう」とし、それを実行したのが神戸史学会機関誌「歴史と神戸」であったと評価し、その中の好論文数編を論じた。

同時に、この中で神戸新聞論説部長畑専一郎氏が「本土決戦論」を戦後も当然視していたのを見て批判した。「…畑さんの見識の限界がこんなところにあるかと思うと、なさけない気がした」と述べた、そういう厳格な歴史観の保持者であった。

別稿（「播磨郷土研究」一二号）では神戸市史編集委員落合重信氏の古家にたいする回想「人類発展史の中で郷土史研究をやれということ」がある。それによると戦時中、落合氏は古家と神戸新聞記者某の三人が白雲堂に集まり、大政翼賛会文化部長であった岸田国士の地方文化運動の提唱に乗じて、神戸でも文化運動を起こそうじゃないかという相談をしていた。

さらに落合氏は「それまで調べていた『神戸和歌史』という元禄から大正末期までの旧派（歌人）の没落までを書いて出版した。その時の古家さんのことばを今も覚えている。

その時、古家氏は「落合君、歴史はどんな歴史でも人類発展史に関係して書かなければダメだよ」と、言ったという。落合氏はそれに答えて文中、次のようにのべている。「しかし、和歌史という特殊の分野の、しかも神戸という一地方に限られた、それも旧派和歌だけの歴史である。それを一々人類発展史に関係して書いていたらたまったものではないが、古家さんはそういう考え方が好きだった。自分がものを書くときは、それを実行しておられたから、えらいものである」と注釈されていた。

ここで落合氏があげている実例を確認できるのが「播磨郷土研究」誌第一〇号に掲載された古家の論文「現代史の激流と郷土史の関係（二）」であったと思う。執筆年月日は昭和四〇年八月四日、前号（一）発表後二年が経過し、古家本人が急死する一年前でもあって、遺稿に値する風格を具えていた。長文におよぶが、記念をかねて記録しておく。

「歴史は少数の学者や好事家の独占に任せておくべき学問ではなく、すべての人民が身につけて、過去に吾々祖先の犯した過ちのため一般の人民が非常に悲惨な境遇に陥った事実を知って、現在の実生活と結びつけて考えることは最も重要なことであり、またさらに重要なことは過去の歴史的知識や経験を生かして、現在の歴史の流れを的確に批判する力を養い、流れの方向を過たせないために民衆の力を結集するということが最大の目標でなければならないのである。(中略)学校の歴史教科なども敗戦直後は、明治から昭和中期に行われた偽りの歴史を著しく修正して、一応正しい方向に進みつつあるかに見えたが、最近はまたまた逆コースを辿りつつあることは黙視できない重大問題である。たとえば昭和初期から二〇年にかけての誤った侵略戦争の失敗を悔いて、一億総懺悔などと唱えてきた支配層が最近では、種々の理屈を考え出してあの残虐な侵略戦争を合理化しようとするような傾向を現し、アメリカの権威に屈して自主性を失った政府は現在、アメリカのベトナムに対する残酷極まる侵略戦争に対して迎合し、アメリカの政策を支持することを言明するばかりでなく、次第に沖縄及び日本本土をアジア攻撃の基地としてアメリカに便宜を与えようとして居る現状である。これに対して日本のすぐれた科学者たちは一致して、アメリカの侵略戦争反対の意思を表明しているにもかかわらず、歴史家の態度は極めてあいまいであり、中央の機関雑誌や郷土雑誌に於いても、最も重大であるところの(この)現代史の激しい流れを全然、無視して、枝葉末節の問題のみを取り扱ったものが多いということは全く寒心に堪えない次第である。返す返すも言いたいことは歴史家の責任として、現代史の流れを洞察し得る識見を養うことが最も重大な責任であ」ると、提言した。これが古家実三の到達した歴史観であった。

2　社会運動資料の集成

古家は敗戦を迎えると同時に所蔵してきた戦前の社会運動資料の整理に努力し、同郷の赤松啓介らとの討論をつうじて本格的な資料集成の作業完成に取り組んでいた。この業績を、降って湧いたように急がれることになるのは昭和三〇（一九五五）年一〇月末に阪本勝・兵庫県知事からの書信によってである。ここで知事書簡というのは、「本文をタイプで打ち、署名だけは自筆で書」いてあり、文意は「この間、兵庫県社会運動史編集のために古い同志が三十名ほど集まったが、その中に岸本（邦巳）君が古家方に資料を豊富に所持していることを話したので、今後この仕事のために協力を請うとの意味」が認められてあった。しかしそれ以上の具体的な要請事項がついてなかったので古家はそれを待機していた。

翌昭和三一（一九五六）年一月一日、古家は新年に家族を前にして、「特別に自分の五十年間の日誌を見せて、いろいろ思い出話をした。絵入りの紀行、戦時中の敵機襲来の記事は興を惹いたようであった」「自分が特に重点を置いて語ったのは大正末期から昭和初期にかけて弾圧に抗して戦争に反対しつづけ、労働農民党時代に、演説会にはいつも戦争反対の題目を受け持ったが、力及ばず日本はとうとう無謀な戦争に突入して結局、惨めな敗戦に終ったが、（自分は）最初から侵略戦争の不成功を予見し、神戸も遂には焼野原になることを予想して貴重図書、雑誌等をはじめ衣類、家具を早くも昭和十六年一月から郷里の自宅に疎開、輸送を開始し昭和十八年末、一応これを完了し、一面戦争にともなう悪性インフレを見越して必需物資をある程度準備したことを詳しく語った」という。

これは家族内の逸話であったが、いよいよ戦前資料の集成に取組むことになるのは昭和三二（一九五七）年三月二四日、神戸市社会事業会館で催された「青柿善一郎氏古希祝賀会」が契機となった。古家も発起人であったこの祝賀会案内状には、「県下の労働運動も、春季闘争を中心にかつてない規模を以って発展しつつありますが、その源流は大正八年、十年の川崎、三菱の大争議に端を発しています。このことは日本労働運動に画期的意義をもつものとして長く史上に伝えられるでありましょう。／当時指導者の一人であった青柿善一郎氏が今尚健在であることはわが兵庫県の誇りた。

とするところであります」と、発起人側は賞賛した。

この祝賀会席上の祝辞で、社会党県支部代表・森脇甚一は、「昨年から今年にかけて県（当局）は百万円の予算を以って『兵庫県労働運動史』を編纂中であるが、その中において青柿君の名は永久に残るであろう」とたたえ、別の発言の際にも「兵庫県労働運動資料の件について、近い将来に兵庫県労働会館を建設し、文献も保存することになる筈だから、お宅（古家宅）に保存されて居る資料を何等かの方法で譲ってもらい、会館内で古家文庫として永久に保存するよう御考慮願いたい、というのであった」。これが各団体代表の参列した場の公式発言であるだけに、古家が重視したのは当然であった。しかもこの資料収集は議論よりも実践が早く進んで、同年二月段階から始まっていた。「日記」によれば、「二月十二日（兵庫県）労働研究所の堂面秋芳、渋野純一の両君が到着した。二人は資料の豊富さに驚き、且つ喜んでせっせと目録を作り上げていった。まだ内容を筆記する段階に達していなかった」という。

二月二二日には労研（編集室）の堂面秋芳、渋野純一両氏から古家に來翰あり、三月八日には上記編集室から『兵庫県労働運動史年表』『史料目録及び第二回兵庫県労働運動史編纂小委員会議事概要』が送られていた。さらに立命館大学・師岡佑行、同・秋定嘉和、神戸大学・城谷富栄、神戸大学本年卒業・津吉敏子が来宅して目録作成の準備にとりかかり、「三月二十二日には、神戸労研の兵庫県労働運動史編纂室から渋野純一君ら六名が来宅。資料のカード下書き約六百枚を作って帰った」としている。

当時古家は、『播磨郷土研究』創刊号に「郷土史研究の意義と方法」を執筆中であり、もう一面で西宮・渡辺九一郎氏が払い下げる考古学図書の研究、整理にも忙殺されていた。にもかかわらず古家は、神戸の労研編纂室の諸君が目録を作成する作業を黙って傍観しておれず、共同作業の渦中に入り込んでいる。「みな中々熱心である。自分も昭和三年から六年ごろまでの日記を調べて、社会運動関係の記録毎に押紙を」していた。

結局、三月二二日から五月一五日までの約三週

「兵庫県労働運動史」

間にわたって古家宅は、戦前社会運動資料と取組む「研究室」さながらの戦場に化していた。「諸君と共に資料を押入れから搬出して口の間いっぱいに積み上げ」、彼らは資料となるカードの下書きを約六万枚作って帰った。この作業に神戸労研から参加したのは前記の渋野純一、中西杜美子、師岡佑行、秋定嘉和、城谷富栄、津吉敏子、池田信、関西学院生らであり、ある時は法華山の隣聖院に宿泊して作業を続けた。四月二七日には昼食後、古家は労研の諸君と共に「大岩の谷へわらび狩りにゆき、火燈山の絶頂に登り、小坂の方へ下ってきた。空はよく晴れて下界の眺望も山々渓谷の若葉も美しい、皆は子供のように喜んでいた」という一幕も記していた。渋野、師岡はその後も五月一日、七日、八日に来訪して不足分を補い、残務整理をこなして帰った。この事後に古家が資料を確認し、後始末をしたのは五月一五日になっていた。

この資料調査の成果は六ヵ月後の一一月六日、古家本人につたえられた。当日「十一時ごろ労働運動史編纂室の渋野純一君、東京大学経済学部社会科学研究所松沢弘陽君と共に来訪。渋野君は『古家実三氏所蔵・労働運動史資料目録』十部を携へ来って恵贈された。百二十二頁の大冊で千二百九十五点が分類整理されて記載されている。一つの記念塔が完成したわけで真に喜ばしい限りである」と彼は満足していた。この時、東京大学の松沢弘陽が同道していたのは本人が必要な別資料の借覧を古家に申し入れるためであり、この種の希望者はその後も現われている（京都大学・松尾尊允）。

古家にとって所蔵してきた戦前社会運動資料が、このように「兵庫県労働運動史」編纂史料として整備され冊子として刊行されたことは、自分の目指してきた事業の一到達点として大きな喜びであったが、全体的な視野からすればこの『労働運動史資料目録』発行は部内関係者だけに配布された少部数であり、これに古家執筆の序文があることは研究者の間で省みられなかった。古家所蔵資料の集成がその後に進展していないことを考慮すると、筆者は同『目録』の再版発行を念願すること切実であるが、最低限、ここで同『目録』に掲載された古家序文の再録を発起して、以下に掲げることを諒とされたい。

「　　　　　　序

人類の歴史は激しく揺れつつ、間断なく流れている。殊に最近三、四十年間はあたかも岩に激する急流の如く、白い飛沫を散らしつつ流れてゆく。時には深淵の如く沈黙を続けるかに見えることもあるが、それは次の急瀬への短い停滞であって大勢は、あたかも黒部川渓谷のように激流の姿を見せているのである。どんな力もこれを逆流せしめることは不可能である。過去の永い人間の歴史は、支配する者同士のはげしい闘争と、支配階級に対して自己を守ろうとする抗争とが微妙に絡み合っていた。だが最近の歴史はまったく様相が変わってきた。永い間社会の下積みになっていた働く人々が、団結の力で自身の生活と権利を守り抜こうとする戦いが歴史の主流をなしている。

具体的に言うと、社会運動そのものが歴史の本流である。平和運動が、かつてのどの時代にも見られなかったほどの力強さをもって世界を風靡しているのも、社会運動の強い力の結集に他ならない。僕は本能的といってもよいほどに、戦争が嫌いであった。大正十年、神戸に居を移すと間もなく、極めて幼稚な方法で平和運動を試みようとした。しかし間もなく、力強い戦争反対運動は社会運動＝解放運動の一環として展開しなければ効果のあがらないことを、若い人々によって教えられた。それが動機となって神戸サラリマン・ユニオンの結成に協力することとなり、次いで政治研究会に参加し、労働農民党の成立と同時に入党した。僕の眼は次第に開かれていった。これまで漠然と不満を感じたり、徒らに憤慨ばかりしていて施す術を知らなかった僕の眼にも、現在の国家機構、社会構造の真の姿がわかり、政治、経済の動き方に対するはっきりした批判力が生まれた。そして非常な確信の下に行動することができるようになった。とはいえその時代においても、自分の行動は家業の繁忙さに制約されて、充分な成果を挙げることはできなかった。

その間にあって過去の歴史的文献を取り扱う古本屋という業務にたずさわっていた関係上、史料の重要さ貴重さを身にしみて感ずるのであった。一片の文書が重大な暗示を与えたり、重要な結論を下した例は珍しくないことをよく知っていた。

殊に現代史の主流をなしているところの社会運動史を正確に後世に伝えるためにも、また運動の後継者に正しい批判を求め、実践の参考たらしめるためにも、資料を豊富に残しておかなければならないことを痛切に感じていたのであった。こうした見地に立って自分が社会運動に携わっていたころの文献や資料は、大会の報告書、議案、議事録から声明書、檄文、ニュース、ビラ、ポスター、書簡等に至るまで、かなり克明に保存につとめたつもりである。

ところが周知のように大正末期から戦時中に至る時代は、最も官憲の弾圧の苛酷な時代であって、同志たちの家には間断なく家宅捜索が行われ、図書や文書類を押収された。単行本や雑誌、機関紙の発売禁止も頻繁に行われた。そうした中にあって資料を守る苦心は並大抵ではなかった。自分は何かの事件に関連したとの疑いを受けて、家宅捜索を受け書類を押収される度毎に、あとで警察や検事局に出かけて厳重に抗議して奪い返した。

ある同志たちは言った。『君が苦心して保管しなくても勝利する日が来たら、県の特高や検事局に行けば、資料はいくらでもあるから心配はないよ』と。然るに戦後、特高が廃止されるという噂が立つと同時に、県の特高課では進駐軍の捜査を恐れて全部焼却してしまったという噂を聞いた。事実かどうかは知らないが、現在県の警察部には余り資料がないことだけは確からしい。資料の若干を保存して居った同志たちも戦災に遭って、全部烏有に帰せしめた者が大部分である。僕は幸いにして夙くから郷里に送っていたために、一枚のビラも焼かれずに助かったのであった。

時の流れは本県においても労働運動史編纂の計

画が立てられ、県会の決議によって運動史編纂のために昨年、今年を通じて約百万円の予算が計上され、第一着に資料の整備に着手することになった。そして僕の苦心して蒐集し、保管した資料が幾分の役割を果たし得ることになった。

史料として運動史編纂に役立てるだけでなく、自分自身を歴史の激流の中に投じて、幾分でも歴史的使命を果たしたいとの希望は空しく消えて、健康の不充分さから今は第一線から退き、徒らに傍観者のような立場に立っている自分自身を恥ずかしく思うのだが、どうにもしようがない。

この資料が幾分でもお役に立つならば、素志の一端は酬いられるわけである。

一九五七年一〇月一日　　古家実三」

としていた。

しかし、なおよく「日記」を振り返って見ると、資料集成事業として黙過できない重要箇所がこれ以外にも二、三あるのを記録しておきたい。その一つは「日記」昭和三一（一九五六）年七月二六～二九日に及ぶ記事であり、次のように記されている。

「大山（郁夫）先生記念会から依頼せられた執筆が少しも進まない。腹案を練るだけで未だ着手もしていない有様。これに気をとられて他の計画は全然停頓状態である。昨日は大山先生伝（田部井健次君著）を読んで追憶の情綿々として尽きなかった」（七月二六日）という。その上で、「古い労働農民新聞、無産者新聞の所どころ記事調査、大山氏記念会論文着手」（七月二七日）。

「七月二十八日早起。『受難時代の大山郁夫先生』の草稿着手、午後脱稿」。「『受難時代の大山郁夫先生』の原稿四百字詰十枚完成、発送。着手して見ればさ程でなかったが、何とも書きにくい原稿であったが漸く昨日脱稿、昨日午後から今日午前にかけて清書し終って、大山先生記念事業会宛に送っておいた」（七月二九日）としている。

刊行された『大山郁夫伝』（中央公論社版）は同年一〇月二五日発行であり、そこには古家執筆原稿は掲載されていない。この間に編集方針、編集者に変更が起こり、北沢新次郎、末川博、平野義太郎連名の「編集者のことば」があって、各界の回想は廃されて伝記編纂に変更されている。古家原稿がどうなったかも不詳である。

もう一つは「日記」中の次の記事である。「（労農党時代）代表者会議の記録を粗雑な手控えの中からまとめあげることは骨の折れる仕事であるが、過ぎ去った月日の中でいくらかでも生きがいを感じる日の記録を丹念にまとめることは極めて興味があり、張り合いもあって有意義な仕事だと思う」（同年七月一三日）。

「昭和五年十一月一日、三日に亘って東京・小石川伝通会館で行われた『労農党第四回拡大中央委員会』に梅野宗行君と共に出席し、自分は詳しくノートしていたので、これを偶然に見付けたのを今日は精読した。実に感慨深いものがあった」（七月二十一日）としている。

そこで遡って「日記」昭和五（一九三〇）年一一月一日をひもといてみると、次のように記されている。「労農党存続、解消の両論対立して、全国的にどの府県に於いても両派の対立抗争が行はれ、左翼政党としての最も苦難な時期であった」とし、「労農党第四回拡大中央委員会に神戸を代表して出席。午後零時半から、会場東京小石川区電通会館。出席者（資格審査委員会宮本国平君報告）」として計五三名、「本部大山委員長、田部井健次、山花秀雄、中村高一等、若干の傍聴者あり」（一一月一日）で始まっていた。注釈すると当時、直前には河上肇、細迫書記長は共産党の方針を受け入れて労働農民党解消に走り、全国大衆党が無条件合同を労農党に提案したことから、同党内には存続、解消の二傾向が現われていた。

「第二日、午前十一時開会。山形、岡山、新潟、秋田、東京、青森、横浜等の各地方情勢報告があり、

議案

一、第二回大会準備に関する件　可決

第一議案　労農党の本質の究明並に其発展方向決定の件　説明者田部井健次君、委員会に付託

第二議案　党組織改革に関する件　説明者田部井健次君

第三議案　党員整理に関する件　説明可決

第四議案　当面の政治闘争に関する件　糸川仁一君説明

第六議案　農民組合対策に関する件　山崎剣二君

説明可決
第八議案　全国遊説計画に関する件
第九議案　機関紙名称変更に関する件　藤田八十八君説明
第十一議案　後任書記長に関する件　説明者山花秀雄君」とし、項を改めて、
「労働組合代表者会議（懇談会）出席　午後一時半　大山委員長宅にて
出席者　名古屋山崎常吉、赤松勇　外一名、大阪西原、安島、神戸古家実三、梅野宗行、東京石原、山花、田部井
各地方情勢報告が行われ、最後に次の如き申し合せを行った。
申合
一、組合員中、特に青年闘士の養成に努力する
一、本年中に各組合の責任者を選出すること
一、京都を中心に関西連合会組織を急速に進め、神戸、大阪、名古屋の参加を求めること
一、今後は積極的に闘争を進めること」とあり、以上で昭和五年「古家日記」は終結している。

筆者が察するところでは、古家が前記原稿『苦難時代の大山郁夫委員長』としていたのはこの時代を指したと思われ、労働組合運動で「日本労働組合総評議会」が結成されて関西を中心とする合法左翼が組合同盟などの無条件合同運動に対して批判的に、合法左翼の戦線統一を提起していたのはこの時であった。

戦後の「古家日記」には、これらの回想を含めて「社会運動資料集成」をまとめようとしていたらしい形跡があり、昭和三一（一九五六）年九月一四日「日記」には次の記事がある。

それには「…古新聞の中から労働農民党に関する記事、兵庫県に於ける社会運動についての記事の目録を作り、これを表紙に書き付けて一ヶ月分づつを綴じ合わせて索引の便を計るようにする。この仕事をやりかけてみるとなかなか大仕事である。社会運動資料の保有に於いては関西地方第一の確信を有する我が家の文庫ではあるが、保管整理の点に於いても完備せしめたいと思っている」とのべていたが未完成である。

これを竜頭蛇尾で終らせるわけにいかないので、再思してみると昭和六（一九三一）年の情勢急変

は、国外で満州事変などの関東軍の侵略策動、国内では「昭和恐慌」の深化と二・二六事件などの軍部クーデターが発生した。そしてこの年二月には、第二回普通選挙で無産政党は全会派が後退する惨敗を喫した。この事態に対してコミンテルンと日本共産党、無産政党各派がどのような方針を定めたのかを検討することが重要であり、それには諸説情報の混雑するなかで公正な記録資料を必要として、筆者は昭和七年版『日本労働年鑑』（大原社会問題研究所発行、略称『労働年鑑』とする）を検索した。

『労働年鑑』昭和七年版は「無産政党の部」第三節を無産政党の合同問題として特集し、その冒頭で「今春の第二回普通選挙における無産党の惨敗は、無産政党の戦線統一、合同問題を再び真摯に取り上げ、これを具体化に向かわしめた。この合同の機運は諸方から動き出した」として、全国的な「無産党合同促進協議会」と地方的な合同促進運動があいまって急進することを注目し、選挙戦敗北の要因が戦線分裂にあったことを重視して、無産政党各派の合意形成が進展することを注目した。これには労働者農民大衆が声援を送っていたが、無産政党間の情勢、力関係からいうと客観的な合同問題の成功は極めて困難であった。

それは第一に前衛政党である日本共産党の内部に、コミンテルンの「社会ファシズム論」の偏向が浸透したことによって合同運動はむしろ阻害視された。また昭和五（一九三〇）年以後、合法政党である労働農民党は共産党からの解消運動の攻撃を受けて、事実上存続の是非を問われていた。

第二に右翼社会民主主義勢力である総同盟、社民党は共産主義排撃すなわち合同運動からの労農党排除を譲らなかった。このような情勢のもとで労農党の内部には、党勢が三方向に分岐した。一つは日本共産党を支持して労農党の「戦闘的解消」を支持する傾向、二つには中間派社会民主主義政党を支持して無産政党の無条件合同を支持する傾向、三つ目はあくまで合法無産政党の戦線統一を主張して、無条件合同に反対していた。

そして第三に、中間派社会民主主義である労大党は「無条件合同」を党是として大同団結、すなわち主義主張の違いは横に置いて合同を図る、それは党勢拡大第一主義を方針として、諸勢力を取り込もうとするのであって労農党内の無条件合同勢力とは連携するが、合法政党として戦線統一を主張する勢力とは鋭く対立し、かえって右翼社会民主主義勢力に合同運動の翼を広げようとしていた。その結果、間もなく三反主義（反共主義、反資本主義、反ファシズム）を掲げる社会大衆党になだれ込む風潮に侵食されている。このような情勢が紆余曲折し労働組合、農民組合の戦線にも右翼的影響が波及し、結論としては同年七月五日、中間派社会民主主義（全国大衆党）と労農党の一部、社民党の一部が合流するいわゆる三党合同として全国労農大衆党が結成された。

従来、活躍してきた労農党左派はこれによって無産政党所属を失うことになったが、それには日本労働組合総評議会、関西地方評議会を結成して対抗しようともしていた。しかしそれは政党と労働組合の性格を混同する誤りの残滓を含む、古家実三はその関西地評副議長であっても役割は減退していた。しかしすでに無産政党運動の実践を離れて、職業上の資料集成に専念することに向かっていた。

3　白雲堂―古本屋人生の真実

「古家日記」資料保管者である藤原昭三氏から最近に、日記以外の重要な資料二点を借覧、閲読する機会を与えられた。その一つは古家手製に係る和綴・和本であって、全文を古家が墨書している『白雲堂家蔵・図書目録』である。この目録は縦三〇センチ、横二五センチ、厚さ四センチ、三〇〇ページを越える大冊であり、作成は昭和一九年七月七日になっている。

冒頭には序文「白雲堂文庫沿革」があって、昭和一九年七月までの書店史をのべている。作成された目的は戦時中の被災を避けるために下里村へ疎開したのであって、古書目録約一二〇〇点を登載している。その内訳は書誌学一三八点、美術二九九点、考古学一一〇点、歴史学二一九点、地理地誌一七九点、自然科学一〇五点、宗教・哲学三九点、国文学五〇点、漢文学一九点、現代文学（日本）三九点に及んでいる。目録図書は売買が対象でなく、特に重要とするものには「古家実三愛蔵」印を押してあった。将来は本人の研究資料とする予定であったことがうかがえた。しかし神戸「白雲堂」が一九四五年二月の米軍空襲で焼失し、一九四六年には姫路で養嗣子歳雄が「白雲堂」を再開することになって、該「古書目録」登載の古書籍はこの原資とせざるを得ない運命をたどる。一面では、目録作成時には古家本人も相当な重症に陥り、療養生活を経過していたが、戦後に白雲堂が再開すると「図書目録」は発展した形で毎年三〜四回は編集、発行されたので、この昭和一九年『家蔵・図書目録』は白雲堂の歴史的遺産として保持されてきた。

もう一つの恵送文献は、『播磨郷土研究』誌第一二号（昭和四二年一二月・特集「故古家実三氏追悼」号）である。この特集は古家没後一年を経て、同郷の友人、全国の同業者と学界からも一七氏の回想が集められていた。多角的な視点で古家の歴史的業績を回顧したものであって、古本屋人生の真実を探るには欠かせない資料と思われる。たとえば故郷の友人で法華山一乗寺の信徒総代を共にしたことのある幸田幸一の「回想」では、ある時古家に向って彼が、「再びこの世に生を享ければ何になるかと聞いたら、…再び古本屋になるだろうとの事で私を驚かせた」と言っている。さらに大学教授である久曾神昇、寿岳文章らの回想では、古家の古本屋人生の真実に通じた裏話のあることを傾聴させられる。これ以上に追加するとなれば、古家著作『古本仕入旅日記』、『古本屋の人生日記』そのものに拠らなければならないが、長文であるために省略せざるをえない。ここでは本誌掲載の諸回想を総合することを中心にして、白雲堂―古本屋人生の業績に着目したいと思う。

＊

前記の「白雲堂・家蔵図書目録」の序文＝書店史を要約再掲すると、白雲堂は明治四四年から書籍行商を始めたが、大正四年頃には「奈良市を根拠として近畿各地及び広島県福山市辺まで販路を拡張し、古本購入には（中略）殆ど全国を旅行して」いたという。

大正九年、弟真一が東京の古書店勤務の年限を終えて帰ったので、「大正十年六月、神戸市葺合区上筒井通七丁目に店舗を設け、白雲堂と称して新たなる営業方針を立てた」。大正一三年には神戸市元町一丁目、旧三宮駅前に弟が分家して開店し、白雲堂は大正一四年九月に「坂口通五丁目一番地に移転し学生参考書、教科書一般、大衆向雑書の外、従来の方針に基づき高級学術書、美術書、古典籍の蒐集に力め、大体創業以来全国の古書分布状態の調査に拠り、（各県主要都市の）各古本業者の間を歴訪して買入れに努力した」としている。

その後「昭和九年より白雲堂古書目録を発行すること毎年三回乃至四回に及び、全国各大学、高等学校、専門学校、有名なる図書館、学者、愛書家等の信用を得、毎回目録の発行数二千部乃至二千五百部に達し、発行毎に注文書の殺到を見る状態なりしが、大東亜戦争開戦以来、次第に印刷不便となり、昭和十八年に至りては目録を印刷に付すること、殆ど不可能となるに至れり。戦局が激化し敵機来襲の危機迫ると共に、都市疎開の声次第に喧しくなり来りたり。余、夙《つと》に老後を郷里の生家に送らんとするの希望を抱き居りしが、遇々昭和十九年一月病を獲、愈々多年の営業を養嗣子歳雄に委任し、帰国の準備を着々進めて同年三月七日（中略）、帰郷の望みを果たすことを得た」。（共同経営していた弟真一は、昭和五年頃に早世する不幸に遭った。）

しかし敗戦後は当主歳雄を中心として白雲堂を姫路市に開店し、実三は郷里と姫路を往復しながら体力の回復を待って古書買付けを断続し、毎年「古書目録」を編集して全国的な通信販売に乗り出していた。この経過は本章前段に掲載した通りである。

さて古家が、生まれ変わることがあっても古本屋を続けたいという人生観を確立していたのには、どういう社会環境の認識があったのかが興味を惹かれるところである。「古家日記」を読みすすむ中で筆者は、昭和三九年八月一七日付日記に重要な箇所があることに接し、それを歿後に集められた諸回想と比較対照して考えさせられた。当日の記録というのは雑誌『日本』（昭和三九年一〇月号　講談社刊）に約束した原稿を書き送って、返事を受けた時のものである。

「講談社の佐藤憲太郎氏から手紙とともに『日

本』十月号所載予定の「古本屋の人生日記」ゲラ摺りを送ってきた。自分で読み返して見ると、なんだか人生終末の告別の辞のような感じがして覚えず涙ぐんでしまった。この文は自分の生涯の決算報告でもあり、場合によっては告別の辞となるべき性質のものであり、簡単な自伝でもある」とのべていた。

しかしそれまでの古家実三の古本屋人生の真実とは何であったのか。より本質的には『播磨郷土研究』第十二号（「故古家実三氏追悼」集）の諸回想で語られているのを引用して回顧、検討するのが適切であると考える。

①　全国古書組合にいた八木福次郎の回想「晩年の印象」によると、「古家さんが東京へ見えて『古本仕入旅日記』というのを書きたいというお話のあったのは、昭和三十七年一月のことであったと思う。一回（原稿用紙）二十枚くらい、数回の予定というお話であった。三十七年三月号から連載が始まった」「こうして昭和四十年八月号、第四一回の台湾旅行で一応終ったのである。数回の予定が四一回に及んだのは、古家さんの熱意と読者の支持があったからである」「四十一回で（原稿用紙）約千枚の長編であった。発表になった分を雑誌から切り抜いて一冊に製本して差し上げた」という。同業者間の信頼関係は、東京・一誠堂書店反町氏とも戦時中から文化運動を共にしたことで知られ、連日宿泊して古書研究に当たった実情が記されていた。

②　大学・高等学校教授多数との関係も緊密であった。久曾神昇（大学教授）によると「国文学、殊にその文献を主として研究している者にとっては古本屋は…恩人であり、恩師である」「（若い教授たちは）大学を卒業した頃は僅かばかりの生半可な知識を造詣深い書店主の前で臆面もなく述べるのであり、後になって思えば赤面の至りである。そのうち、いつとはなく次第に教えられ、書店主の博学に驚かされ敬服するようになるのである」「何時であったか（古家が）、突然豊橋の拙宅に来られた。大きな風呂敷包を持って、東京からの帰途とのことであった。（見せられたのは）尊円

親王筆と称する風雅集の真名序一軸があった。真蹟かどうか判らなかったが、手の届く範囲の値段であったので入手した。その後になって一誠堂で、尊円親王筆風雅集巻一（春歌上）の琴本一軸を得たので、それと比較して見て真蹟であることが判った。…まことに貴重な文献と言わなければならない」と言っている（『播磨郷土研究』一二号四八頁）。

寿岳文章（元教授）によると、「あるとき中村直勝博士が白雲堂でたいへんな掘り出し物をしたいきさつを、実三老は実に楽しそうに話してくれた。いさぎよい性格の人で残念がったりくやしがったりせず、自分の店から国宝級や重文級の文献が出たことを喜ぶ風があった。その風格が私の心をひきつけたのである」「比較的新しい思い出は数年前、アメリカの有名な天文学者アラー教授夫妻がチベット風の曼荼羅を、たとえ複製でもよいからほしいと言ってきたとき、私は実に苦心して大谷大学その他チベット仏教関係の深い方面へあたってみたが、思うようにゆかない。一年以上も経って、例のガリバン刷りの白雲堂古書目録にそれらしいものを見つけた。幸いに手に入ったが、値段は例によってずいぶん安かった。いまカリフォルニァ大学の教授であるアラー博士夫妻は大変喜んで、特別上等の友人だけにこの軸物を見せている」という逸話を記している。

③

落合重信（神戸市史編集委員）の思い出では戦時中であったと思うが、「翼賛会に入った年、私はそれまで調べていた『神戸和歌史』という、元禄から大正末期の旧派の没落までを書いたものを出版した。その時の古家さんのことばを今も覚えている。「落合君、歴史はどんな歴史でも、人類発展史に関係して書かなければダメだよ」（と言われたという）／しかし和歌史という特殊な分野の、しかも神戸という一地方に限られた、それも旧派和歌だけの歴史である。それを一々人類発展史に関係させて書いていたらたまったものではないが、古家さんはそういう考え方が好きだった。自分がものを書くときは、それを実行しておれたから、えらいものである」と賞めていた」。落合氏の、この言葉にも大人物の風格が漂っていた。

筆者はここで、寿岳氏のいう白雲堂のガリバン刷り「古書目録」について振り返ってみると、それが一九六五（昭和四〇）年に死を前にして絶筆となったことを再確認させられる。また前記幸田氏によれば、古家は腕時計を持ち歩かないほどの大まかな生活習慣であったが、古書の取扱いに関しては凛としていた。彼のいう古本屋人生の本質とは、古書に対する態度にかかっていたと考えられる。それは戦後の脇坂家文書（竜野藩）その他の整理作業や研究者への資料提供に寸分のまちがいもない確かさを保証し続けたことに表れていた。白雲堂は古書店であるとともに大学、研究機関の片棒を担いで、アカデミズムとセミ・プロの交流、協力関係を確固として形成していた。こうして有名無名の学者と古本屋の友情—信頼関係を美しく展開していたことに、「生まれ変わっても古本屋を続けたい」という熱情が保持されていた一因があったと思う。

しかしガリバン刷りの大量な「古書目録」はダンボール箱に詰め込まれたままで、死後は書誌学的な血脈を継承できないままに保管されている、いうならば古家の古本屋人生の業績は大なる未完成で断絶している、惜みても余りある最期であった。

「播磨郷土研究」誌十二号

＊

惜別　略譜

古家実三が死亡したのは昭和四一（一九六五）年一二月二六日、享年七六であった。この年七月二二日の「日記」には、すでに「未だ仕事を多く残しているのに前途甚だ心細い」とし、「昨夜は腹部と心臓の疼痛に悩み続けた。空腹になったら胃のところが痛み出すのが特長であるところから、夜半に思い切って食事をとって見た（改善した）。こうして毎日病気と闘っているのである。もう長生きはとても望めず、案外早く往生するのではないかと思う」と自覚していた。

にもかかわらず九月七日には、伊丹市史編纂室から数名の研究者が資料検索の相談に来訪して対応しなければならなかった。また一一月一三日には大阪市立美術館長・今村龍一氏がバス一台の見学者をともなって、法華山一乗寺の見学に来られたが、説明担当者が準備不足なので古家の出馬を求めてきた。「この時はとくに健康が悪化して、発言さえ不充分で困ったが約二時間にわたって話した。これがため健康はますます悪化し、きょう午後から夜にかけて大分苦しかった」と告白していた。

これ以後の「日記」は、一二月一九日をもって絶筆している。最期の著作となったのは前記した論文「現代史の激流と郷土史の関係（一）（二）」（「播磨郷土研究」第九号・一九六三年九月、同第一〇号・一九六五年九月）であり、ベトナムにたいするアメリカの大国主義的なアジア戦略を批判しつつ、歴史学の課題に取り組もうとする問題意識を提起していたが、その範囲を突破できないままで絶命した。

死後について古家遺品の保存を委託されていた藤原昭三氏は、「古家さんは生前『僕は心臓が悪いので』と言われ、薬を常用されていました」とし、死亡日時は一二月二六日であったことを確言され、葬儀当日は、「それはそれは酷寒の日で、足元から痺れるような寒さが上がってくるような日でした。大勢の私たち参列者は戸外で出棺を待っており、家の中では葬式が営まれている様子が察知できました。共産党からは田中松次郎氏が参列していたようで」、「弔辞を訓まれたのではないでしょうか。

現在のようにマイクのない時代ですので…、記憶に残っているのは『赤旗を…』云々の言葉を聴きましたので、遺体に巻かれたのか、棺に入れられたのかしたと思われますが、詳細は私にはわかりません。棺は当時、棺台に乗せられ、墓地へ運び埋葬されます。私たちは出棺を見送って家路についたと思います」（木津力松宛書簡・二〇二一年八月二四日付）とあった。

これをもって古本屋・白雲堂日記は終結し、古家実三は身をもって人生の「結語」を書いたのであり、業績は大なる未完成であったが見事な締めくくりであった。

完

あとがき

「古家《ふるいえ》実三」（一八九〇〜一九六六）の日記は、一九〇六年から一九六六年までの六〇年間、一六七冊にもなる膨大なものです。戦後まもない頃、兵庫県会議員選挙で応援演説をしていた古家氏の言葉に心をうたれた藤原昭三氏は、古家氏と親密な間柄になり多くを学び、『福崎町史』の編集室に勤務します。『福崎町史』の編集者の一人である神戸大学の須崎慎一教授を中心として「古家実三日記研究会」が始まります。大正から昭和にかけて、軍部や官憲の横暴に屈せず、日本の初期労働運動に身を挺して勇敢にたたかわれ力の限り貢献されたことを日記によって知り、藤原氏は感情をゆすぶられます。研究会は二〇年をもって閉じざるのやむなきにいたりましたが、日記の全ては国立国会図書館憲政資料室に収められることになりました。

藤原氏は全冊を複写で残し、研究希望のある識者が出現した場合、要望に応ずる用意をしました。数ヶ月を経て「日記」に関心をもたれている木津力松氏から閲読の要望が。藤原氏は要望に応えるべく便宜を惜しまないことを伝えました。木津氏は「日記」をもとに手帳や新聞記事、組織の方針や文書、多くの文献で裏付けながら古家氏の活動を記録し、時系列でなく「古家実三日記抄」として執筆し、関西勤労者教育協会の「戦前の出版物を保存する会」のニュースで連載して、このたび本書が出版されることになりました。なお「保存会ニュース」掲載は、二〇二〇年四月一〇日号（№４０４）から二〇二四年一月一五日号（№４４５）まで連載。さらに終章として二〇二四年三月一〇日号から同年一〇月一〇日号まで連載。

古家氏は白雲堂という古書店を生業とし、古典から近代に至る文献・資料を集め、全国各地はもとより、はるか朝鮮・中国東北部・台湾に足を運びます。その足跡がユーモラスに語られ本書の特色となっています。木津氏は、古家氏の業績とし、第一に加西郡郷土研究会を創立し機関誌「播磨郷土研究」の刊行。第二に戦前の無産者運動資料の集成する事業の進行。第三に、これらのアカデミーに依存するだけでなく、白雲堂の書店活動と結合し、エッセイにまとめた人生の真実の記録を業績としています。なかでも一九六五年八月四日の「現代史の激流と郷土史の関係」という論文は遺稿に値するとして引用しています。

「現在の歴史の流れを的確に批判する力を養い、流れの方向をあやまらないため民衆の力を結集すること。昭和の初期から二〇年にかけての誤った侵略戦争の失敗を悔いて、一億総懺悔と唱えてきた支配層が、最近ではあの残虐な侵略戦争を合理化しようとし、アメリカの権威に屈して自主性を失った政府は、現在、ベトナムに対する残虐極まる侵略戦争に対して迎合し、沖縄及び本土をアジア攻撃の基地としてアメリカに便宜を与えようとしている。ところが歴史家の態度は極めて曖昧で現代史の流れを無視し、枝葉末節の問題のみを取り扱ったものが多く寒心に耐えない」と鋭く警告を発していました。

まさに五九年後の現在、古家氏が危惧した事態となり、安倍・菅・岸田政権のもとで「戦争する国」づくりが急ピッチですすんでいます。二〇一三年一二月「特定秘密保護法」、二〇一四年七月「集団的自衛権行使容認の閣議決定」、二〇一五年九月、青年・学生・女性・市民が立ち上がり国民的な反対運動の高揚を押し切り、戦争法（安保法）を強行採決しました。二〇二〇年一〇月「学術会議会員の任命拒否」とついに学問研究分野にまで権力による直接的な干渉がはじまりました。そして、二〇二二年一二月「安保三文書」を閣議決定し、二三年から二七年の五年で四三兆円の軍事費を注ぎ、アメリカと日本の「死の商人」に莫大な利益をもたらすミサイルや戦闘機の導入を決め、二〇二四年四月一〇日の日米共同声明で平時でも有事でも自衛隊を完全にアメリカの指揮下に統制する枠組みを作り上げました。古家氏などを弾圧した特高官僚が戦後再び公安調査庁など弾圧機関の官僚として復活し、日本共産党や民主勢力を監視し攻撃する仕組みが再現されています。学校教育やマスメディアも反動化し、ＳＮＳによる世論誘導が大きな流れになり、若者を始め多くの国民の思想を誘導してきました。

しかし、二〇二二年「しんぶん赤旗日曜版」のスクープで、自民党の長期にわたる組織的な犯罪が暴露されました。国民からの税金による政党助成金を受けとる一方で財界から莫大な資金（賄賂）援助を受け、国民の暮らしと経済を破壊する悪政が、自民党・公明党とそれを補完する維新の会により強行されてきた実態が明らかになり、国民の怒りがかつてなく高まっています。

この怒りが大きなうねりとなり、市民と野党の共闘による「政権交代」が期待されるいま、本書が歴史検証の一つとして役割を果たすことを願っています。

木津力松氏のご奮闘と、刊行にあたっての文理閣代表・黒川美富子さん、山下信さんのご苦労に感謝し、本書が多くの人に読まれることを願っています。

関西勤労者教育協会
「戦前の出版物を保存する会」会長

中田　進

著者紹介

木津力松（きづ　りきまつ）

1924年尼崎市に生まれる。小学校卒業後、住友金属尼崎鋼管製造所(第二製管仕上工)就職。

1947年12月7日、日本共産党入党。

1987年、兵庫県委員会専従、中央委員会。

退職後、兵庫県民運動史研究に従事。社会運動史研究、東京大学 遠山茂樹ゼミ 小菅桂一（栃木県委員会副委員長)、京都大学 井上清ゼミ 犬丸義一（著述家）両氏の直接指導を受ける。また、兵庫県委員会 古森茂氏の協力を受ける。

主な著書
『淡路地方農民運動史』耕文社、1998年12月
『阪神地方農民運動史』耕文社、2001年4月
『東播地方農民運動史』耕文社、2009年11月
『東播地方農民運動史　別巻』耕文社、2010年4月
『兵庫県治安維持法犠牲者人名録（素案)』耕文社、2012年7月
『兵庫県社会運動史研究（合本)』耕文社、2018年9月
『辰巳経世小伝—その生涯と業績—』勤労協・戦前の出版物を保存する会、2015年12月
『辰巳経世の奴隷制史研究』勤労協・戦前の出版物を保存する会、2021年1月

古書店「白雲堂」
古家実三日記抄
兵庫県無産階級運動の歴史的解明

2024年11月15日　第1刷発行

著　者　木津力松
協　力　関西勤労協・戦前の出版物を保存する会
発行者　黒川美富子
発行所　図書出版　文理閣
京都市下京区七条河原町西南角　〒600-8146
TEL（075）351-7553　FAX（075）351-7560
http://www.bunrikaku.com

印　刷　プラネット・ユウ

ISBN978-4-89259-962-0